westermann

fit fürs

EXPRESS

Physik

Physik

Autorin:
Sylvia Schwitalle

westermann GRUPPE

© 2020 Georg Westermann Verlag
www.westermanngruppe.de

Bildnachweis:
Umschlagklappen: akg-images GmbH, Berlin; Battaglini, Nicolo' Orsi | Getty Images, München: Corbis / Bettmann | Interfoto, München: Friedrich; Groth-Schmachtenberger | iStockphoto.com, Calgary: Nikada Titel. | Picture-Alliance GmbH, Frankfurt / M.: KPA / HIP / Oxford Science Archiv; MP / Leemage | Science Photo Library, München: Agentur Focus | ullstein bild, Berlin: Granger Collection; Imagno; Viollet, Roger. Buch: newVISION! GmbH, Pattensen OT Reden: 147.
Wir arbeiten sehr sorgfältig daran, für alle verwendeten Abbildungen die Rechteinhaberinnen und Rechteinhaber zu ermitteln. Sollte uns dies im Einzelfall nicht vollständig gelungen sein, werden berechtigte Ansprüche selbstverständlich im Rahmen der üblichen Vereinbarungen abgegolten.

Druck A[1] / Jahr 2020
Alle Drucke der Serie A sind im Unterricht parallel verwendbar.

Redaktion: imprint, Zusmarshausen
Kontakt: lernhilfen@westermanngruppe.de
Layout und Umschlaggestaltung: tiff.any, Berlin
Umschlagfoto: iStockphoto.com, Nikada
Druck und Bindung: westermann druck GmbH, Braunschweig

ISBN 978-3-7426-**0118**-6

SO FUNKTIONIERT'S

Fit fürs Abi Express Physik hilft Ihnen, alle prüfungsrelevanten Themen schnell und effektiv zu wiederholen. Sie finden hier einen **kompakten Überblick** des gesamten Abiturstoffs, mit dem Sie Ihre Wissenslücken rasch schließen können.

Schlagen Sie einfach diejenigen Themenbereiche nach, in denen Sie sich noch nicht ganz sattelfest fühlen. Es ist nicht nötig, das Buch von vorne nach hinten durchzuarbeiten. Jedes Kapitel steht für sich und behandelt einen anderen Fachbereich der Prüfung.

Die Inhalte der Abiturprüfungen sind von Bundesland zu Bundesland verschieden und nicht alle Themengebiete, die in diesem Buch behandelt werden, sind für Sie relevant. Fragen Sie bei Ihrer Lehrkraft nach, wenn Sie sich nicht sicher sind, welche Kapitel zu Ihrem Prüfungsstoff gehören. Auch die Bezeichnungen physikalischer und mathematischer Größen (Winkel, Formelzeichen, ...) können sich von denen Ihrer Mitschriften in der Schule unterscheiden. Verwenden Sie in Ihrer Prüfung die Ihnen vertrauten Bezeichnungen, auch um Punktabzug zu vermeiden.

Das Buch enthält zahlreiche **Merkkästen** und **Abi-Tipps**, die Ihnen das Lösen der Prüfungsaufgaben erleichtern. Mithilfe der **Checklisten** am Ende jedes Kapitels können Sie Ihren eigenen Kenntnisstand überprüfen. Vor allem die im Text **fett gedruckten Begriffe** sollen Sie an die wichtigsten Schlagworte erinnern – gehen Sie sicher, dass Sie diese verstanden haben und gegebenenfalls auch ausführlicher erklären können. Dies ist insbesondere für eine mündliche Prüfung sehr wichtig.

Passend zum Buch gibt es eine **App mit interaktiven Multiple-Choice-Aufgaben**. Mit dieser App können Sie alle wichtigen Themen aus dem Buch aktiv und in motivierender Form trainieren. Sie erhalten die kostenlose App auf www.westermann.de/fit-fuers-abi-express.

Viel Erfolg für die Prüfung wünscht Ihnen

Sylvia Schwitalle

INHALTSVERZEICHNIS

WÄRMELEHRE

8

EIGENSCHAFTEN VON QUANTENOBJEKTEN

9

EIN ATOMMODELL DER QUANTENPHYSIK

10

STRUKTUR DER MATERIE

11

EIN KERNMODELL DER QUANTENPHYSIK

12

ASTROPHYSIK

13

STICHWORTVERZEICHNIS

GRUNDLAGEN DER MECHANIK

Erhaltung der Energie

Energie und ihre Eigenschaften

* Die **Energie E** ist die Fähigkeit eines Systems, Körper zu bewegen oder zu verformen, Wärme abzugeben oder Strahlung auszusenden.
  Einheit: 1 J (Joule) = 1 Nm = 1 Ws

* In einem abgeschlossenen System bleibt die Gesamtenergie stets erhalten, d.h. die Summe aller Energien (verschiedene Energieformen) ist konstant **(Gesetz zur Erhaltung der Energie)**.
  $$E_{ges} = E_1 + E_2 + \cdots + E_n = \sum_{i=1}^{n} E_i = \text{konstant}$$

* Energie kann in **Energieträgern** wie Brenn- und Treibstoffen, gehobenen oder bewegten Körpern oder Batterien gespeichert und transportiert werden.

* Energie kann durch mechanische Arbeit, Wärme, Strahlung oder elektrischen Strom von einem System zum anderen übertragen bzw. in andere Energieformen **umgewandelt** werden.

* Energie kann **entwertet** werden, also in eine Energieform umgewandelt werden, die nicht mehr nutzbar ist.

Übertragung von Energie durch mechanische Arbeit

* **Mechanische Arbeit W** wird verrichtet, wenn ein System bzw. ein Körper durch eine Kraft F bewegt oder verformt wird.
  Einheit: 1 Nm = 1 Ws = 1 J

* Durch die mechanische Arbeit wird der Prozess der **Energieübertragung** beschrieben:
  $W = \Delta E$.

* Unter der Bedingung, dass eine konstante Kraft F in Richtung des zurückgelegten Weges s wirkt, kann die mechanische Arbeit W berechnet werden.
  $W = F \cdot s$

INTERPRETATION s-F-DIAGRAMME

Trägt man die wirkende Kraft F in einem Diagramm über dem zurückgelegten Weg s auf, dann ist die **Fläche unter dem Graphen** ein Maß für die verrichtete Arbeit W.

Dieser Zusammenhang gilt auch, wenn die wirkende Kraft F nicht zeitlich konstant ist.

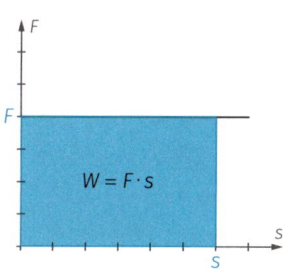

KRAFT ALS VEKTOR

Die Kraft F ist eine vektorielle Größe.
Sie besitzt stets einen Betrag (Stärke der Kraft) und eine Richtung.

Hubarbeit und potentielle Energie

- Aufgrund der Massenanziehung der Erde wird jeder Körper der Masse m mit einer **Gewichtskraft** F_G angezogen, abhängig vom der geltenden Fallbeschleunigung (auch: Ortsfaktor) g.
  $F_G = m \cdot g$
  Auf der Erdoberfläche gilt ein durchschnittlicher Wert von
  $g = 9{,}81 \frac{m}{s^2} = 9{,}81 \frac{N}{kg}$.

- Wird ein Körper um die Höhe h gehoben, dann wird an ihm **Hubarbeit** W_H verrichtet.
  Die dem Körper dabei zugeführte **potentielle Energie** E_{pot} (Lageenergie) berechnet sich dann mit:
  $W = \Delta E = E_{pot} = F_G \cdot s = m \cdot g \cdot h$

FESTLEGUNG EINER BEZUGSHÖHE

Die gesamte potentielle Energie des Körpers hängt dabei von der Bezugshöhe ($h = 0$) ab.

Diese kann abhängig vom Sachverhalt beliebig gewählt werden. Oft wird die Erdoberfläche als Bezugshöhe gewählt.

Beispielaufgabe: Potentielle Energie

Ermitteln Sie die potentielle Energie eines Wasserglases der Masse 250 g, das auf einem 85 cm hohen Tisch steht.

Lösung:
Da in der Aufgabe keine Bezugshöhe angegeben ist, gibt es zwei Lösungsmöglichkeiten.

Variante 1
Als Bezugshöhe $(h = 0)$ wird der Fußboden gewählt, und das Wasserglas hat dann eine potentielle Energie von

$$E_{pot} = m \cdot g \cdot h = 0{,}25\,kg \cdot 9{,}81\,\frac{N}{kg} \cdot 0{,}85\,m = 2{,}1\,Nm = 2{,}1\,J$$

Wenn das Wasserglas vom Fußboden auf den Tisch gehoben werden soll, ist eine Hubarbeit von $W_{Hub} = 2{,}1\,J$ notwendig.

Variante 2
Als Bezugshöhe wird die Tischplatte gewählt, und das Wasserglas hat dann annähernd die potentielle Energie von null.

Beschleunigungsarbeit und kinetische Energie

- Wirkt auf einen Körper der Masse m eine konstante Kraft F in Bewegungsrichtung, dann wird er in diese Richtung mit einer Beschleunigung a beschleunigt.
  $F = m \cdot a$ (NEWTON'sches Grundgesetz)
- Es wird **Beschleunigungsarbeit W_B** am Körper verrichtet und dem Körper wird dabei Energie in Form von **kinetischer Energie E_{kin}** (Bewegungsenergie) zugeführt.
  $W_B = \Delta E = E_{kin} = F \cdot s$

  Mit $s = \frac{v^2}{2a}$ (siehe S. 16) für gleichmäßig beschleunigte Bewegungen kann die kinetische Energie des Körpers berechnet werden.

  $E_{kin} = F \cdot s = m \cdot a \cdot \frac{v^2}{2a} = \frac{1}{2} \cdot m \cdot v^2$

BEACHTUNG DER ANFANGSGESCHWINDIGKEIT

Analog zur potentiellen Energie bezieht sich oben die kinetische Energie wieder auf eine Anfangsgeschwindigkeit von $v = 0$.
Zu $W_B = \Delta E$ muss die anfängliche kinetische Energie $\frac{1}{2} \cdot m \cdot v^2$ addiert werden.

Beispielaufgabe: Kinetische Energie

Ein Zug fährt mit einer Geschwindigkeit von $60\,\frac{km}{h}$.
In dem Zug läuft ein Fahrgast (m = 70 kg) in Fahrtrichtung mit einer Geschwindigkeit von $2\,\frac{m}{s}$ zur Toilette.
Berechnen Sie die kinetische Energie des Fahrgastes.

Lösung:
In der Aufgabenstellung ist kein Bezugsobjekt gegeben.
Daher gibt es auch hier zwei verschiedene Lösungsmöglichkeiten.

Variante 1
Bezüglich des Zuges bewegt sich der Fahrgast mit $2\,\frac{m}{s}$ und besitzt daher eine kinetische Energie von

$$E_{kin} = \frac{1}{2} \cdot m \cdot v^2 = \frac{1}{2} \cdot 70\,kg \cdot \left(2\,\frac{m}{s}\right)^2 = 140\,J$$

Variante 2
Bezüglich der Erdoberfläche außerhalb des Zuges bewegt sich der Fahrgast mit $2\,\frac{m}{s} + 60\,\frac{km}{h} = 18{,}67\,\frac{m}{s}$ und besitzt daher eine viel höhere kinetische Energie von

$$E_{kin} = \frac{1}{2} \cdot m \cdot v^2 = \frac{1}{2} \cdot 70\,kg \cdot \left(18{,}67\,\frac{m}{s}\right)^2 = 12{,}2\,kJ$$

Um den Fahrgast in Variante 2 aus der Ruhe heraus auf seine Geschwindigkeit von $18{,}67\,\frac{m}{s}$ beschleunigen zu können, wäre eine Beschleunigungsarbeit von $W_B = 12{,}2\,kJ$ notwendig.

Verformungsarbeit und Spannenergie

* Für eine elastische Feder mit der **Federkonstante D**, die um eine Strecke s gedehnt wird, gilt das HOOKE'sche Gesetz.

$F = D \cdot s$ $\quad [D] = 1\,\frac{N}{m}$

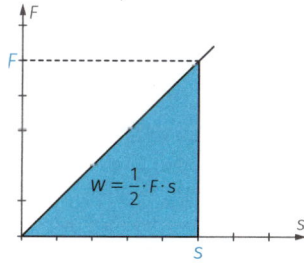

Die Federkonstante gibt an, welche Kraft notwendig ist, um eine Feder um die jeweilige Strecke s zu dehnen.

* Beim Spannen einer elastischen Feder ist die erforderliche Kraft F nicht konstant, sie nimmt proportional mit der Dehnung s zu.
Daher ist **$W = F \cdot s$** nicht anwendbar. Für die verrichtete Arbeit gilt:
$W = \frac{1}{2} \cdot F \cdot s$.

* Beim Spannen einer Feder wird an dieser **Spannarbeit** W_{spann} verrichtet. Die dabei zugeführte Energie wird in der Feder als **Spannenergie** E_{spann} gespeichert.
$$E_{\text{spann}} = \frac{1}{2} \cdot F \cdot s = \frac{1}{2} \cdot D \cdot s^2$$

Beispielaufgabe: Spannenergie

Hängt man ein Masse von 250 g an eine elastische Feder, so dehnt sich diese um 4,5 cm.
Berechnen Sie die in der Feder gespeicherte Energie und die Federhärte der elastischen Feder.

Lösung:

Die Kraft, durch die die Feder gespannt wird, ist die Gewichtskraft der Masse, also
$$F = F_G = m \cdot g = 0,25 \, \text{kg} \cdot 9,81 \, \frac{\text{N}}{\text{kg}} = 2,45 \, \text{N}$$

Damit ergibt sich für die Spannenergie
$$E_{\text{spann}} = \frac{1}{2} \cdot F \cdot s = \frac{1}{2} \cdot 2,45 \, \text{N} \cdot 0,045 \, \text{m} = 0,055 \, \text{J}$$

die in der Feder gespeichert ist.

Für die Dehnung der elastischen Feder um 4,5 cm verrichtet die Masse an der Feder eine Spannarbeit $W_{\text{spann}} = 0,055 \, \text{J}$.

Für die Federkonstante erhält man entweder durch Umstellen von
$$E_{\text{spann}} = \frac{1}{2} \cdot D \cdot s^2 \text{ mit } D = \frac{2 \cdot E_{\text{spann}}}{s^2} = \frac{2 \cdot 0,055 \, \text{J}}{(0,045 \, \text{m})^2} = 54,3 \, \frac{\text{N}}{\text{m}}$$

oder mit $D = \frac{F}{s} = \frac{2,45 \, \text{N}}{0,045 \, \text{m}} = 54,4 \, \frac{\text{N}}{\text{m}}$

Reibung, Reibungsarbeit und Energieentwertung

* **Reibungskräfte** sind stets so gerichtet, dass sie der Bewegung entgegenwirken und sie hemmen.
Reibung führt zur Verringerung der mechanischen Energie eines Systems und zu einer Erwärmung der Umwelt (Energieentwertung).

* Man unterscheidet **Haftreibung, Gleitreibung** und **Rollreibung**.
Die Art der Reibung hat Einfluss auf die **Reibungszahl (Reibungskoeffizient) μ**, die ein dimensionsloses Maß für die Reibungskraft im Verhältnis zur Normalkraft zwischen zwei Körpern ist.

* Die **Normalkraft F_N** bezeichnet die Kraftkomponente der Gewichtskraft F_G, die senkrecht zur Unterlage wirkt.

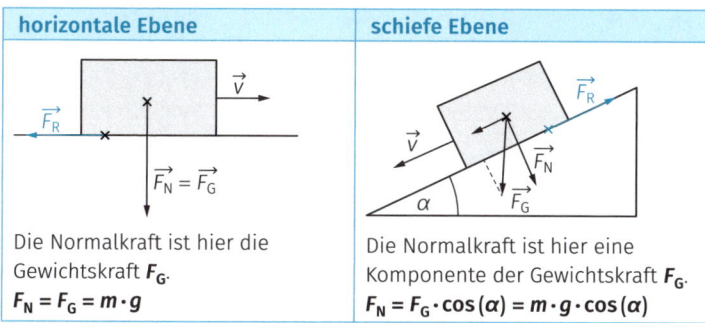

horizontale Ebene	schiefe Ebene
Die Normalkraft ist hier die Gewichtskraft F_G. $F_N = F_G = m \cdot g$	Die Normalkraft ist hier eine Komponente der Gewichtskraft F_G. $F_N = F_G \cdot \cos(\alpha) = m \cdot g \cdot \cos(\alpha)$

* Die **Reibungskraft** F_R kann mit der Normalkraft und der Reibungs-zahl μ berechnet werden.

$$F_R = \mu \cdot F_N$$

Beispielaufgabe: Vergleich Reibungskräfte

Ein Körper der Masse 40 kg soll auf Betonboden (Gleitreibungs-koeffizient 0,6) gleiten.

Vergleichen Sie die Reibungskräfte auf den Körper bei einer Bewegung auf einer horizontalen Ebene mit der auf einer schiefen Ebene mit einem Neigungswinkel von 30°.

Lösung:

Auf der horizontalen Ebene $\left(F_N = F_G\right)$ gilt für die Reibungskraft

$$F_R = \mu \cdot F_N = \mu \cdot F_G = \mu \cdot m \cdot g = 0{,}6 \cdot 40 \,\text{kg} \cdot 9{,}81\,\tfrac{N}{kg} = 235{,}4\,\text{N}.$$

Auf der schiefen Ebene gilt für die Reibungskraft

$$F_R = \mu \cdot F_N = \mu \cdot F_G \cdot \cos(\alpha)$$

$$F_R = \mu \cdot m \cdot g \cdot \cos(\alpha) = 0{,}6 \cdot 40 \,\text{kg} \cdot 9{,}81\tfrac{N}{kg} \cdot \cos(30°) = 203{,}9\,\text{N}.$$

Die Reibungskraft auf der schiefen Ebene ist kleiner als die auf einer horizontalen Unterlage.

Beispielaufgabe: Anwendung des Energieerhaltungssatzes (1)

Ein Kind auf einem Schlitten (Gesamtmasse 45 kg) startet von einem Rodelhang aus 15 m Höhe aus der Ruhe heraus und erreicht am Fuße des Hangs eine Geschwindigkeit von $12\frac{m}{s}$.
Ermitteln Sie rechnerisch, welchen Energiebetrag das Kind mit dem Schlitten beim Rodeln durch Reibung „verloren" hat.

Lösung:
Zu Beginn besitzt das System (Kind auf dem Schlitten) nur potentielle Energie, die beim Rodeln nach unten in kinetische Energie und Reibungsenergie umgewandelt wird.
Für die potentielle Energie ergibt sich

$$E_{pot} = m \cdot g \cdot h = 45\,kg \cdot 9,81\,\tfrac{N}{kg} \cdot 15\,m = 6621,75\,J$$

Die kinetische Energie des Systems am Fuße des Hangs beträgt

$$E_{kin} = \tfrac{1}{2} \cdot m \cdot v^2 = \tfrac{1}{2} \cdot 45\,kg \cdot \left(12\,\tfrac{m}{s}\right)^2 = 3240\,J$$

Die Differenz der beiden Energiebeträge gibt die Energie an, die durch Reibung „verloren gegangen" ist.

$$E_{pot} - E_{kin} = 6621,75\,J - 3240\,J = 3381,75\,J$$

Beispielaufgabe: Anwendung des Energieerhaltungssatzes (2)

Ein Pkw $(m = 1200\,kg)$ prallt mit einer Geschwindigkeit von $50\,\frac{km}{h}$ gegen eine Mauer.
Berechnen Sie die kinetische Energie des Pkw.
Ermitteln Sie, aus welcher Höhe der Pkw frei fallen müsste, um beim Aufprall auf dem Boden den gleichen Energiebetrag in Form von kinetischer Energie zu besitzen.

Lösung:
Für die kinetische Energie ergibt sich mit einer Geschwindigkeit von $50\,\frac{km}{h} = 13,89\,\frac{m}{s}$ (Umrechnung siehe S. 13):

$$E_{kin} = \tfrac{1}{2} \cdot m \cdot v^2 = \tfrac{1}{2} \cdot 1200\,kg \cdot \left(13,89\,\tfrac{m}{s}\right)^2 = 115,7\,kJ = 0,115\,MJ$$

Für die Höhe ergibt sich mit dem Ansatz $E_{kin} = E_{pot}$ und Umstellen nach der Höhe $h = \dfrac{E_{kin}}{m \cdot g} = \dfrac{0,115 \cdot 10^6\,J}{1200\,kg \cdot 9,81\,\tfrac{N}{kg}} = 9,77\,m$

Der Pkw müsste aus einer Höhe von 9,77 m fallen.

Anwendung der Kinematik und Dynamik

Bewegung eines Massenpunktes

🔹 Ein Körper ist gegenüber einem **Bezugssystem** in Bewegung, wenn er bezüglich dieses Bezugssystems seinen Ort ändert, andernfalls ist er in Ruhe.

🔹 Ein **Inertialsystem** ist ein Bezugssystem, in dem das Trägheitsgesetz gilt (unbeschleunigtes System).
Alle Inertialsysteme sind gleichberechtigt.

🔹 Die gesamte Masse eines Körpers denkt man sich vereinigt in einem Punkt, dem **Massepunkt**, dessen Bewegung stellvertretend für den Körper betrachtet wird. Meist wird dafür der Schwerpunkt des Körpers gewählt.

Physikalische Größen zur Beschreibung der Bewegungen

🔹 Der **Ort x** eines Körpers gibt seine Lage in einem Bezugssystem zu einem bestimmten Zeitpunkt und der **Weg s** die Bahnlänge des Körpers während seiner Bewegung zwischen zwei Orten x_1 und x_2 an.
$s = x_2 - x_1$

🔹 Die **Geschwindigkeit v** gibt an, wie schnell sich ein Körper bewegt. Sie ist eine vektorielle Größe. Ist die Geschwindigkeit v bei einer Bewegung zeitlich konstant, dann heißt die Bewegung **gleichförmig.** Δs ist der in der Zeitdauer Δt zurückgelegte Weg.

$v = \frac{\Delta s}{\Delta t}$ Einheiten und Umrechnung: **$3{,}6 \frac{km}{h} = 1 \frac{m}{s}$**

🔹 Bei ungleichförmigen Bewegungen muss zwischen **Momentangeschwindigkeit v** und **Durchschnittsgeschwindigkeit $\overline{v}$** unterschieden werden.

$\overline{v} = \frac{\Delta s_{gesamt}}{\Delta t_{gesamt}}$ $v = \lim\limits_{\Delta t \to 0} \frac{\Delta s}{\Delta t}$

🔹 Die **Beschleunigung a** gibt die Geschwindigkeitsänderung Δv pro Zeitintervall Δt an. Sie ist eine vektorielle Größe.

$a = \frac{\Delta v}{\Delta t}$ Einheit: **$1 \frac{m}{s^2}$**

Kinematik geradliniger Bewegungen

gleichförmige Bewegungen	gleichmäßig beschleunigte Bewegungen
Der zurückgelegte Weg und die Zeit sind zueinander proportional. Ein **Anfangsweg s_0** muss berücksichtigt werden.	Der zurückgelegte Weg ist proportional zum Quadrat der Zeit. Ein **Anfangsweg s_0** oder eine **Anfangsgeschwindigkeit v_0** müssen berücksichtigt werden.
Zeit-Weg-Gesetz mit zugehörigem **Zeit-Weg-Diagramm** Für $s_0 = 0$:	**Zeit-Weg-Gesetz** mit zugehörigem **Zeit-Weg-Diagramm** Für $s_0 = 0$:
$s(t) = v \cdot t$	$s(t) = \frac{1}{2} a t^2 + v_0 t$
Für $s_0 > 0$ $s(t) = v \cdot t + s_0$	Für $s_0 > 0$ $s(t) = \frac{1}{2} a t^2 + v_0 t + s_0$

gleichförmige Bewegungen	gleichmäßig beschleunigte Bewegungen
Zeit-Geschwindigkeits-Gesetz mit zugehörigem **Zeit-Geschwindig-keits-Diagramm** Für $s_0 = 0$ 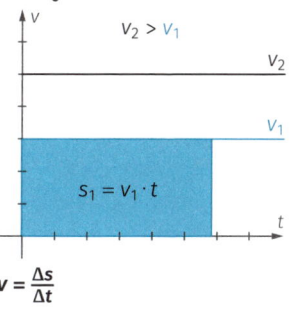 $$v = \frac{\Delta s}{\Delta t}$$	**Zeit-Geschwindigkeits-Gesetz** mit zugehörigem **Zeit-Geschwindig-keits-Diagramm** Für $s_0 = 0$ 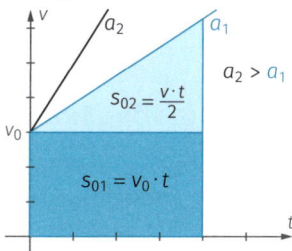 $$v(t) = a \cdot t + v_0$$ Die Beschleunigung a gibt jeweils die Steigung der zugehörigen Gleichung an.
Zeit-Beschleunigungs-Gesetz mit zugehörigem **Zeit-Beschleuni-gungs-Diagramm** $a = 0$	**Zeit-Beschleunigungs-Gesetz** mit zugehörigem **Zeit-Beschleuni-gungs-Diagramm** $a = konst.$ 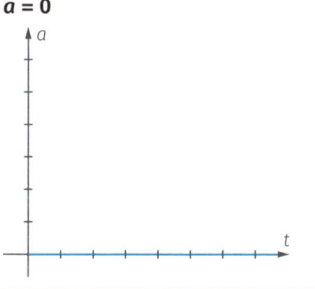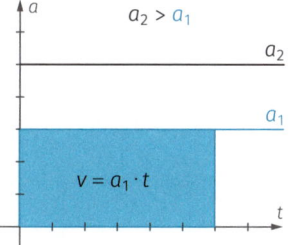

In the v-t diagram (left): $v_2 > v_1$, with lines at v_2 and v_1, shaded area $s_1 = v_1 \cdot t$.

In the v-t diagram (right): lines a_2 and a_1 with $a_2 > a_1$, $s_{02} = \frac{v \cdot t}{2}$, $s_{01} = v_0 \cdot t$, starting at v_0.

In the a-t diagram (right): $a_2 > a_1$, lines at a_2 and a_1, shaded area $v = a_1 \cdot t$.

VORZEICHEN GEBEN RICHTUNGEN AN

Ort, Geschwindigkeit und Beschleunigung können auch negativ sein, je nach Wahl des Bezugspunktes $x = 0$ und Wahl der positiven Bewegungsrichtung.

Bei **negativen Beschleunigungen** verzögert sich die Bewegung (Bremsen), **negative Geschwindigkeiten** haben die Bedeutung einer Bewegung in die entgegengesetzte Richtung und ein **negativer Ort** befindet sich nicht *hinter*, sondern *vor* dem festgelegten Bezugspunkt für $x = 0$.

BEWEGUNGSGESETZE

Für alle gleichmäßig beschleunigten Bewegungen ohne Anfangs-weg s_0 und Anfangsgeschwindigkeit v_0 gelten auch die folgenden **Bewegungsgesetze** $\left(\text{Herleitung durch } s = \frac{a}{2}t^2 \text{ und } v = a \cdot t\right)$.

$$s = \frac{v^2}{2a} \qquad s = \frac{v \cdot t}{2} \qquad v = \sqrt{2as} \qquad a = \frac{v^2}{2s}$$

ÜBERHOLVORGÄNGE

Bei Berechnungen zu **Überholvorgängen** ist es von Vorteil, den Überholvorgang sowohl aus der Sicht des Überholenden (F1), als auch aus der Sicht des Überholten (F2) zu betrachten.

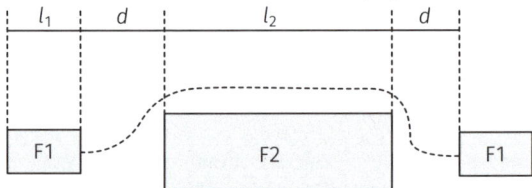

Aus Sicht von F2 legt F1 insgesamt die Strecke $s_1 = l_1 + l_2 + 2d$ zurück (mit den Längen der Fahrzeuge l_1 und l_2 und dem Sicherheitsabstand d).

Bei diesem Vorgang beschleunigt F1 aus der Sicht von F2 auf der Strecke s_b in der Zeit t_b von null auf die maximale Geschwindigkeit v und fährt den Rest der Strecke s_k mit konstanter Geschwindigkeit in der Zeit t_k.

$$s_1 = s_b + s_k \text{ mit}$$

$$s_1 = \frac{a}{2}t_b^2 + v \cdot t_k = \frac{1}{2}\frac{v^2}{a} + v \cdot t_k \qquad \text{mit } t_b = \frac{v}{a}$$

Beim Gleichsetzen beider Terme für s_1 und Umformen erhält man die Zeit t_k, die F1 beim Überholvorgang mit konstanter Geschwindigkeit benötigt

$$t_k = \frac{1}{v}\left(l_1 + l_2 + 2d - \frac{v^2}{2a}\right)$$

und damit auch t_b und t_{gesamt}

$$t_b = \frac{v}{a} \text{ und } t_{ges} = t_b + t_k$$

Den gesamten Überholweg s_{ges} erhält man dann durch die Summe von s_1 und der Strecke s_2, die F2 während des Überholvorgangs zurückgelegt hat und damit F1 ebenfalls bei der Vorbeifahrt.

$$s_{ges} = s_1 + s_2 = s_1 + v_{F2} \cdot t_{ges}$$

Beispielaufgabe: Überholvorgang

Ein Pkw (F1) der Länge 4 m überholt einen Lkw (F2) der Länge 10 m, der mit einer Geschwindigkeit von 70 $\frac{km}{h}$ fährt. Vor und hinter dem Lkw soll ein Sicherheitsabstand von 50 m eingehalten werden. Der Pkw darf maximal 100 $\frac{km}{h}$ fahren und beschleunigt aus Sicht des Lkw-Fahrers mit 2,5 $\frac{m}{s^2}$.

Lösung:

Der Pkw beschleunigt aus Sicht des Lkw-Fahrers beim Überholen von null auf 30 $\frac{km}{h}$ = 8,3 $\frac{m}{s}$.
Man erhält:

$$t_k = \frac{1}{v}\left(l_1 + l_2 + 2\,d - \frac{v^2}{2a}\right) = \frac{1}{8,3\frac{m}{s}} \cdot \left(4\,m + 10\,m + 2 \cdot 50\,m - \frac{\left(8,3\frac{m}{s}\right)^2}{\left(2 \cdot 2,5\frac{m}{s^2}\right)}\right)$$

$$t_k = 12,1\,s$$

$$t_b = \frac{v}{a} = \frac{8,3\frac{m}{s}}{2,5\frac{m}{s^2}} = 3,3\,s$$

und damit $t_{gesamt} = 12,1\,s + 3,3\,s = 15,4\,s$

Während der 15,4 s, die der Überholvorgang dauert, legt der Lkw $s_2 = v_{F2} \cdot t_{ges} = 19,4\frac{m}{s} \cdot 15,4s = 299,4\,m$
und der Pkw $s_{ges} = s_1 + s_2 = 114\,m + 299,4\,m = 413,4\,m$ zurück.

Da für den Überholvorgang reichlich 400 m benötigt werden und auch der zurückgelegte Weg entgegenkommender Fahrzeuge berücksichtigt werden muss, sollte die Straße etwa 1 km weit einsehbar sein, damit man gefahrenfrei überholen kann.

- Der **freie Fall** ist ein Spezialfall der gleichmäßig beschleunigten Bewegung.
  Die auftretende Beschleunigung ist vom Ort (Abstand zum Erdmittelpunkt) abhängig und wird als **Ortsfaktor oder Fallbeschleunigung**
  g = 9,81 $\frac{m}{s^2}$ (im Mittel auf der Erdoberfläche bei Vernachlässigung der Luftreibung) bezeichnet.

$$s = \frac{g}{2}t^2 \qquad v = g \cdot t \qquad s = \frac{v^2}{2g} \qquad v = \sqrt{2\,g\,s}$$

Der waagerechte Wurf

* Beim waagerechten Abwurf eines Körpers mit einer Anfangsgeschwindigkeit v_0 spricht man von einem **waagerechten Wurf**, wenn er keine weiteren Einflüsse erfährt.

* Der waagerechte Wurf ist eine **zweidimensionale Bewegung**, bei der sich eine **gleichförmige Bewegung in x-Richtung und ein freier Fall in y-Richtung überlagern**.

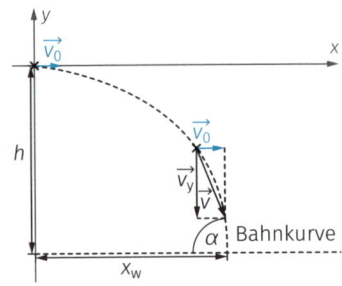

* Für die **Geschwindigkeitskomponenten** gilt
$v_x = v_0$ und $v_y = g \cdot t$,
und damit gilt für die **resultierende Geschwindigkeit v** entlang der Bahn aufgrund vektorieller Addition
$v = \sqrt{v_0^2 + (g \cdot t)^2}$.

* Für die zurückgelegten Wege in x- und y-Richtung gilt
$x = v_0 \cdot t$ und $y = -\frac{g}{2} t^2$
Durch das Eliminieren der Zeit ergibt sich die Gleichung für die **parabelförmige Bahnkurve**:
$y(x) = -\frac{g}{2 \cdot v_0^2} \cdot x^2$

* Für die **Wurfdauer t** gilt: $t = \sqrt{\frac{2h}{g}}$

* Für die **Wurfweite x_w** ergibt sich: $x_w = v_0 \cdot t = v_0 \cdot \sqrt{\frac{2h}{g}}$

Beispielaufgabe: Waagerechter Wurf

Ein Stein soll aus einer Höhe von 8 m waagerecht abgeworfen werden.
a) Ermitteln Sie die Entfernung, mit der der Stein auf den Boden trifft, wenn er mit einer Geschwindigkeit von $20 \frac{m}{s}$ abgeworfen wird.
b) Berechnen Sie die Geschwindigkeit und den Winkel, mit denen der Stein auf den Boden aufschlägt.

Beispielaufgabe: Waagerechter Wurf

Lösung:

a) Wurfweite: $x_w = v_0 \cdot \sqrt{\dfrac{2h}{g}} = 20\,\dfrac{m}{s} \cdot \sqrt{\dfrac{2 \cdot 8\,m}{9{,}81\,\frac{m}{s^2}}} = 25{,}5\,m$

b) Geschwindigkeit v des Steins mit

$v = \sqrt{v_0^2 + (g \cdot t)^2}$ und $t = \sqrt{\dfrac{2h}{g}}$

$v = \sqrt{v_0^2 + 2gh} = \sqrt{\left(20\,\dfrac{m}{s}\right)^2 + 2 \cdot 9{,}81\,\dfrac{m}{s^2} \cdot 8\,m} = 23{,}6\,\dfrac{m}{s}$

Für den Auftreffwinkel α gilt:

$\cos(\alpha) = \dfrac{v_0}{v} = \dfrac{20\,\frac{m}{s}}{23{,}6\,\frac{m}{s}} \;\Rightarrow\; \alpha = 32°$

Kraft und Bewegung

Die drei **NEWTON'schen Gesetze** sind die Grundgesetze der Dynamik.

- **Trägheitsgesetz** (1. NEWTON'sches Gesetz):
  Ein Körper bleibt in Ruhe oder in seinem gleichförmigen Bewegungszustand, solange die Summe der auf ihn wirkenden Kräfte null ist.

- Das **NEWTON'sche Grundgesetz** (2. NEWTON'sches Gesetz) beschreibt den grundlegenden Zusammenhang zwischen der auf einen Körper wirkenden Kraft $\vec{F}$, seiner Masse m und der resultierenden Beschleunigung $\vec{a}$ in Kraftrichtung. Jede Änderung eines Bewegungszustands wurde von einer Kraft verursacht.
  $$\vec{F} = m \cdot \vec{a}$$

- **Wechselwirkungsgesetz** (3. NEWTON'sches Gesetz):
  Wirken zwei Körper aufeinander ein, dann erfährt jeder der beiden Körper eine Kraft. Diese beiden, immer parallel auftretenden Kräfte, sind gleich groß und entgegengesetzt gerichtet.
  $$\vec{F_1} = -\vec{F_2}$$

KRAFT ALS URSACHE VON BEWEGUNG

Jede Bewegung wird von einer Kraft verursacht, aber nicht jede Kraft muss eine Bewegung verursachen.

Bei der Analyse der wirkenden Kräfte müssen immer alle Kräfte, deren Richtungen und Beträge berücksichtigt werden (vektorielle Addition).

Wenn sich Kräfte gegenseitig kompensieren, also ein **Kräftegleichgewicht** besteht, ist die Summe aller Kräfte auf einen Körper null und es kommt nicht zu einer Änderung des Bewegungszustandes.

Kinematik und Dynamik der Kreisbewegung

* Eine **gleichförmige Kreisbewegung** liegt vor, wenn sich ein Körper mit gleichem Geschwindigkeitsbetrag auf einer Kreisbahn bewegt (nicht verwechseln mit Drehbewegung).

* Kreisbewegungen werden mit den Größen **Umlaufdauer (Periodendauer)** T und **Frequenz f** (Drehzahl pro Sekunde) charakterisiert.

$$T = \frac{1}{f}$$

* Für die **Bahngeschwindigkeit v** einer Kreisbewegung gilt

$$v = \frac{s}{t} = \frac{2\,\pi \cdot r}{T} \quad \text{und} \quad v = 2\,\pi \cdot r \cdot f.$$

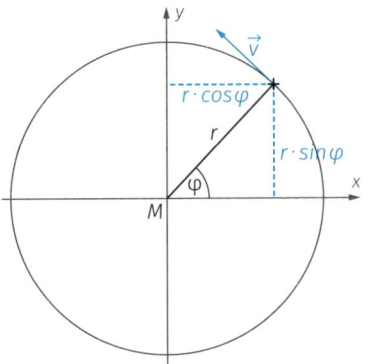

* Eine Kreisbewegung ist eine **beschleunigte Bewegung**, da sich die Richtung der Geschwindigkeit tangential zur Kreisbahn ständig ändert.

Für eine Kreisbewegung wird eine Kraft benötigt, die **Zentripetalkraft**, die stets zum Kreismittelpunkt gerichtet ist.

Sie ist abhängig von der Masse m und der Geschwindigkeit v des Körpers, dem Radius r der Kreisbahn.

$$F_Z = \frac{m \cdot v^2}{r} = m \cdot \frac{4\,\pi^2 r}{T^2} \qquad \text{(analog zu } F = m \cdot a\text{)}$$

mit der Zentripetalbeschleunigung $a_Z = \frac{4\,\pi^2 r}{T^2}$.

Beispielaufgabe: Kreisbewegung

Wettersatelliten sind geostationär, d. h. sie stehen auf einer Kreisbahn über einem festen Ort am Äquator und haben eine Winkelgeschwindigkeit von einer Erdumrundung pro Tag. Ermitteln Sie
die Bahngeschwindigkeit eines geostationären Satelliten, der zum
Erdmittelpunkt einen Abstand von 42 500 km besitzt.

Lösung:
Für die Bahngeschwindigkeit gilt

$$v = \frac{2\pi r}{T} = \frac{2 \cdot \pi \cdot 42\,500\,\text{km}}{1\,\text{d}} = \frac{2 \cdot \pi \cdot 42\,500 \cdot 10^3\,\text{m}}{(24 \cdot 3600)\,\text{s}} = 3{,}1\,\frac{\text{km}}{\text{s}}$$

GRUNDLAGEN DER MECHANIK   Checkliste

Das sollten Sie jetzt sicher beherrschen:

→ Energiebegriff und Eigenschaften von Energie,
   Energieerhaltungssatz

→ die mechanische Energie als Übertragungsprozess von Energie

→ die Hubarbeit mit Übertragung von potentieller Energie,
   die Beschleunigungsarbeit mit der Übertragung von kinetischer
   Energie und die Spannarbeit mit der Übertragung von Spannenergie

→ die Normalkraft und ihr Einfluss auf Reibungsprozesse

→ die physikalischen Größen zur Berechnung von Bewegungen

→ die gleichförmige Bewegung eines Körpers, deren Bewegungsgesetze und die Darstellung der Bewegung in den Bewegungsdiagrammen

→ die gleichmäßig beschleunigte Bewegung eines Körpers,
   deren Bewegungsgesetze und die Darstellung der Bewegung in den
   Bewegungsdiagrammen

→ Berechnungen eines Überholvorgangs zweier Körper

→ der waagrechte Wurf als Überlagerung zweier eindimensionaler
   Bewegungen und zugehörige Berechnungen

→ die NEWTON'schen Gesetze und der Begriff des Kräftegleichgewichts

→ die Kreisbewegung mit der Zentripetalkraft als beschleunigende
   Kraft und zugehörige Berechnungen

STATISCHES ELEKTRISCHES FELD

Grundlegende Begriffe

- Es gibt positive und negative Ladungen, die jeweils ein ganzzahliges Vielfaches n der **Elementarladung e** sind, also $q = n \cdot e$.

- Die physikalische Einheit der Ladung ist **Coulomb** mit 1 Coulomb = 1 C = 1 A $\cdot$ s = 1 Amperesekunde, also die elektrische Ladung, die pro Sekunde durch einen Leiterquerschnitt fließt.

- Die Ladung von 1 Coulomb entspricht
$$1\,C = \frac{1}{1{,}602 \cdot 10^{-19}} \approx 6 \cdot 10^{18} \text{ Elektronen.}$$

- Gleichnamige Ladungen stoßen sich gegenseitig ab und ungleichnamige ziehen sich an.

- Die Summe der positiven und negativen Ladungen bleibt in einem abgeschlossenen System stets konstant:
$$Q_{ges} = Q_1 + Q_2 + \dots + Q_n = \sum_{i}^{n} Q_i = konstant$$
(Satz von der Erhaltung der Ladung).

Beschreibung des elektrischen Feldes

- Ein **elektrisches Feld** ist der Zustand des Raumes um einen elektrisch geladenen Körper, in dem auf andere elektrisch geladene Körper Kräfte ausgeübt werden.

- Zeichnerisch werden Felder durch **virtuelle Feldlinien** dargestellt. Experimentell lassen sich Feldlinienbilder z.B. durch Grieß in Öl erzeugen (Influenz).

Die **Eigenschaften** elektrischer Felder werden mit Feldlinien und Probeladungen beschrieben:

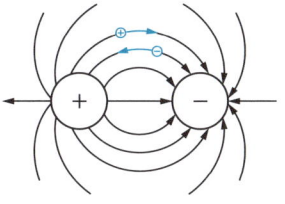

- Elektrische Feldlinien zeigen die Richtung der wirkenden Feldkräfte an. Sie verlaufen von Plus zu Minus (Kraftrichtung auf eine positive Probeladung) und haben stets einen Anfang/Quelle (positive Ladung) und ein Ende/Senke (negative Ladung).

- Feldlinien schneiden und berühren sich nie.

- Die Dichte der Feldlinien ist proportional zur Stärke des elektrischen Feldes, also ein Maß für die Stärke des Feldes in diesem Bereich.

- Verlaufen Feldlinien senkrecht zur Zeichenebene verwendet man das Symbol ⊙ (Pfeilspitze) um anzuzeigen, dass sie aus der Zeichenebene herauskommen und das Symbol ⊗ (Pfeilende) um anzuzeigen, dass sie in die Zeichenebene hineingehen.

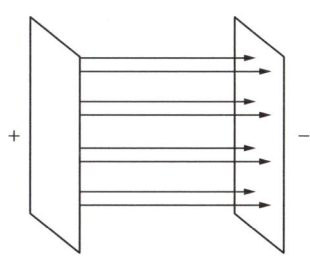

- Ein **homogenes Feld** liegt vor, wenn es an allen Stellen gleich stark ist, also die Kraft auf eine Probeladung überall gleich groß ist.
  Die Feldlinien verlaufen parallel und in gleichen Abständen voneinander (gleiche Dichte).
  Wichtigstes Beispiel ist hier das Innenfeld eines Plattenkondensators.

- Eine Punktladung besitzt ein **radialsymmetrisches Feld**, die Feldlinien verlaufen also sternförmig von der Ladung nach außen, wenn sie positiv ist und auf die Punktladung zu, wenn sie negativ ist.

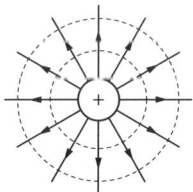
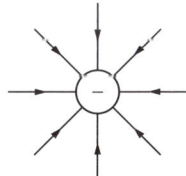

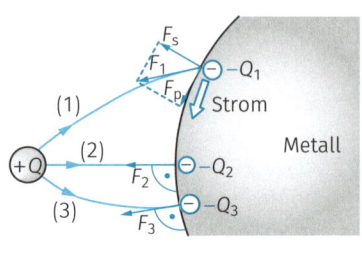

- Feldlinien treten im elektrostatischen Gleichgewicht an **Leiteroberflächen** stets senkrecht ein oder aus, da sich die Ladungen auf der Oberfläche durch die wirkenden Feldkräfte stets so verschieben, dass es keine seitlich wirkenden Kräfte mehr gibt.

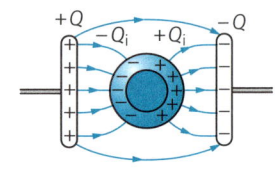

- Bringt man einen Leiter in ein elektrisches Feld, so bewirken die Kräfte des Feldes auf dem Leiter eine Ladungsverschiebung (Ladungstrennung) auf der Oberfläche, die man als **Influenz** bezeichnet. Das Feld zwischen diesen Ladungen ist dem äußeren Feld entgegengerichtet und kompensiert es vollständig. Das Innere des leitenden Körpers (z. B. metallischer Hohlkörper) ist dabei immer feldfrei. Anwendung findet dieses Prinzip bei der Abschirmung elektrischer Felder durch bestimmte Anordnungen von Leitern, dem sogenannten **FARADAY-Käfig.**

- Bringt man einen Isolator in ein elektrisches Feld, so kommt es durch die Kraftwirkungen zu einer Ausrichtung der gebundenen Ladungen. Es bilden sich kleinste elektrische Dipole aus. Dieser Vorgang wird als **dielektrische Polarisation** bezeichnet. So ist es möglich, Oberflächen von Isolatoren aufzuladen.

Elektrische Feldstärke und elektrisches Potential

- Die physikalische Größe, die den Feldlinien zugeordnet wird, ist die **elektrische Feldstärke $\vec{E}$**.

- In einem elektrischen Feld wirkt auf eine Ladung q, die zur Anzahl der Elementarladungen proportionale Kraft $\vec{F} = q \cdot \vec{E}$.
  Daher wird die Stärke dieser Kraftwirkung als Maß für die elektrische Feldstärke $\vec{E}$ benutzt.

$$\vec{E} = \frac{\vec{F}}{q} \qquad [\vec{E}] = 1\frac{N}{C} = 1\frac{V}{m}$$

ELEKTRISCHE FELDSTÄRKE ALS VEKTORIELLE GRÖSSE

Die elektrische Feldstärke ist eine vektorielle Größe und ihre Richtung ist die Richtung der Kraftwirkung auf eine positive Probeladung tangential zu den Feldlinien.

MILIKAN-Versuch

In einen horizontal ausgerichteten Plattenkondensator werden Öltröpfchen eingesprüht, die sich beim Zerstäuben positiv oder negativ mit der Ladung q aufgeladen haben.

Im Kondensator erfahren sie neben der Gravitationskraft F_G auch noch die elektrische Kraft F_{el}. Im **Schwebefall** gilt:

$$F_G = F_{el} \Leftrightarrow m \cdot g = q \cdot E = q \cdot \frac{U_0}{d}$$

Mithilfe dieses Zusammenhangs lassen sich entweder die Masse des Tröpfchens, die am Kondensator angelegte Spannung oder der Plattenabstand berechnen.

Experimentelle Bestimmung der Feldstärke mit einem Pendel

Hängt man ein Metallplättchen an einem isolierenden Nylonfaden zwischen zwei geladenen Kondensatorplatten auf und lädt es auf, dann erfährt es im homogenen elektrischen Feld des Kondensators eine horizontal gerichtete Kraft $F_{el} = q \cdot E$, die das Pendel auslenkt, bis sich die Feldkraft mit der Gravitationskraft im Gleichgewicht befindet.

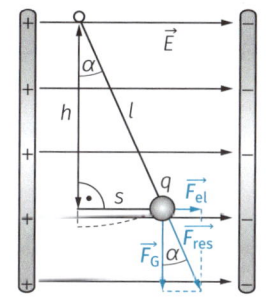

Aus dem Kräfteparallelogramm ergibt sich folgendes Verhältnis:

$$\tan(\alpha) = \frac{F_{el}}{F_G} = \frac{s}{h} \approx \frac{s}{l} \quad \text{(gilt für kleine s-Werte und kleine Winkel)}$$

und mit $F_{el} = q \cdot E \approx F_G \cdot \frac{s}{l} = m \cdot g \cdot \frac{s}{l}$ erhält man einen Näherungswert für die elektrische Feldstärke im Kondensator mit $E \approx \frac{m \cdot g \cdot s}{q \cdot l}$.

Bewegt sich eine Ladung q im elektrischen Feld, so ist dies mit einer Änderung seiner potentiellen Energie verbunden, da die Arbeit W benötigt oder verrichtet wird, um eine positive Ladung q von einem festgelegten Ausgangspunkt zu einem Punkt P zu bringen.

- Im homogenen elektrischen Feld kann diese **Energiedifferenz (Arbeit W)** vereinfacht berechnet werden. Bei der Bewegung einer Ladung q auf einem Weg s in Feldlinienrichtung beträgt die verrichtete Arbeit im homogenen elektrischen Feld der konstanten Feldstärke E:
$\Delta E = W = F \cdot s = q \cdot E \cdot s$

BESCHLEUNIGUNG VON LADUNGEN

Mithilfe elektrischer Felder werden Ladungen (z. B. Elektronen, Protonen) **beschleunigt** bzw. **abgebremst**.
- Bewegt sich eine Ladung entlang der Feldlinien (also F parallel zu E), gilt $W > 0$, d. h. dass vom Feld an der Ladung Arbeit verrichtet wird, sie wird beschleunigt.
- Bewegt sich die Ladung q entgegen der Feldlinien (also F antiparallel zu E), gilt $W < 0$, d. h. sie wird abgebremst bzw. in die Gegenrichtung beschleunigt.

- Das **elektrische Potenzial φ** gibt an, welche Arbeit (Energie) W für den Transport einer Ladung von $q = 1\,C$ von einem festgelegten Punkt zu einem anderen Punkt des Feldes benötigt wird und ist somit unabhängig von der Ladungsmenge q.
$\varphi = \frac{W}{q}$ mit $[\varphi] = 1\,V$
Also gilt im homogenen elektrischen Feld $\varphi = \frac{W}{q} = \frac{q \cdot E \cdot s}{q} = E \cdot s.$

- Die **Potentialdifferenz** zwischen zwei beliebigen Punkten 1 und 2 des Feldes beträgt $\Delta\varphi = \varphi_2 - \varphi_1.$

SPANNUNG AM KONDENSATOR

Die Potentialdifferenz zwischen zwei Punkten auf den Platten 1 und 2 des Kondensators ist also gleich der Spannung U zwischen diesen Platten.
$U = \Delta\varphi = \varphi_2 - \varphi_1$
(siehe unten Tipp und Beispiel)

- Orte mit gleichem Potential können in einem elektrischen Feld analog zu den Feldlinien mit den sogenannten **Äquipotentiallinien** oder **Äquipotentialflächen** dargestellt werden.
    - Äquipotentiallinien schneiden oder berühren sich nie und sind stets in sich geschlossen. Ihre Dichte ist ebenfalls ein Maß für die Feldstärke.
    - Äquipotentiallinien schneiden die Feldlinien stets senkrecht.
    - Oberflächen von Leitern sind Äquipotentialflächen.

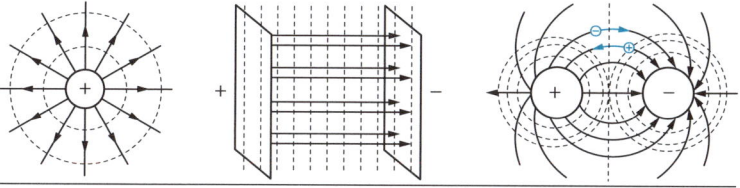

Äquipotentiallinien verschiedener Anordnungen (gestrichelt eingezeichnet)

FORMEN VON ÄQUIPOTENTIALFLÄCHEN

Im homogenen Feld des Plattenkondensators sind die Äquipotential- flächen Flächen parallel zu den Platten, senkrecht zu den Feldlinien.

Im radialsymmetrischen Feld einer Punktladung sind die Äquipotential- flächen Kugeloberflächen um die Ladung.

ERDUNG AM PLATTENKONDENSATOR

Um die unterschiedlichen Potentiale im Plattenkondensator zu bestimmen wird die negative Platte des Kondensators mit Poten- tial 0 als Bezugspunkt festgelegt und dann in gleichen Abständen Äquipotentiallinien (-flächen) bis zur positiven Platte definiert.

Beispielaufgabe: Potentiale im Plattenkondensator

Im elektrischen Feld eines Plattenkondensators sollen die Äquipotentiallinien mit einer Potentialsonde (z. B. einer Flammsonde) experimentell ermittelt werden.

Die Sonde hat die folgenden Werte bestimmt: $\varphi_A = 2{,}5\,V$ und $\varphi_B = 10{,}0\,V$. Die negative Platte wird mit $\varphi = 0$ festgelegt.

Geben Sie die Messwerte an, die die Sonde für die Potentiale φ_C und φ_D in den Punkten C und D bestimmt und die am Kondensator anliegende Spannung U_0.

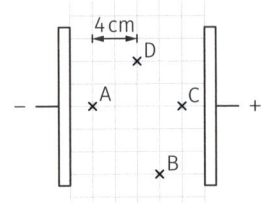

Lösung:

Da das elektrische Feld im Inneren des Kondensators homogen ist, gibt es Äquipotentiallinien mit konstanten Abständen, wie gestrichelt eingezeichnet.

Die Potentialdifferenz zwischen den Punkten A und B beträgt 7,5 V, d.h. dass das Potential pro 2 cm um 2,5 V größer wird. Daher liegt C auf dem Potential 12,5 V und D auf 7,5 V.

Die Spannung zwischen den Platten beträgt dann 15,0 V.

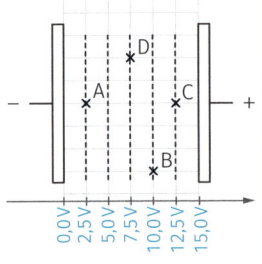

Überlagerung von elektrischen Feldern

Ein von mehreren Ladungen erzeugtes, resultierendes Feld lässt sich durch Überlagerung der Einzelfelder konstruieren.

Dabei addieren sich die einzelnen Feldstärken und Potentiale an jedem einzelnen Ort des Feldes.

$$\vec{E}_{ges} = \vec{E}_1 + \vec{E}_2 + \dots + \vec{E}_n \quad \text{und} \quad \varphi_{ges} = \varphi_1 + \varphi_2 + \dots + \varphi_n$$

Der Plattenkondensator

- Ein **Kondensator** ist ein Bauelement zur Speicherung von elektrischer Ladung bzw. elektrischer Energie.

- Die einfachste Bauart ist der **Plattenkondensator**. Er besteht aus zwei leitenden Schichten, die von einem Isolator, dem sogenannten **Dielektrikum**, getrennt werden.

- Das innere elektrische Feld eines Plattenkondensators ist praktisch **homogen**, solange der Flächeninhalt der Platten groß gegenüber dem Plattenabstand d ist.

- Die auf den Platten **gespeicherte Ladung Q** ist proportional zur angelegten Spannung U. Die Ladung Q verteilt sich im Bereich des homogenen Feldes gleichmäßig auf der Fläche A der Platte mit der Flächenladungsdichte ρ_A mit $\rho_A = \frac{Q}{A}$.

- Die physikalische Größe **Kapazität C** gibt an, wie viel elektrische Ladung Q ein Kondensator bei einer angelegten Spannung von 1 V speichern kann.

$$C = \frac{Q}{U} \qquad [C] = 1\frac{C}{V} = 1\,F = 1\,\text{Farad}$$

- Die Kapazität eines Plattenkondensators ist durch seine Geometrie festgelegt. Sie ist direkt proportional zur Plattenfläche A und indirekt proportional zu dem Abstand d der Platten. Außerdem ist sie abhängig von der Wahl des verwendeten Dielektrikums mit der **materialabhängigen Permittivität ε_r**. Es gilt:

$$C = \varepsilon_0 \cdot \varepsilon_r \cdot \frac{A}{d} \quad \text{mit} \quad \varepsilon_0 = 8{,}85 \cdot 10^{-12}\,\frac{As}{Vm} \quad \text{als } \textbf{elektrische Feldkonstante}.$$

Abi Tipp

EINFLUSS EINES DIELEKTRIKUMS

Oft wird ein Kondensator mit Vakuum oder Luft als Dielektrikum verwendet und es gilt:
- $\varepsilon_r(\text{Vakuum}) = 1$ - $\varepsilon_r(\text{Luft}) \approx 1$

Beispielsweise kann durch das Einfügen eines Dielektrikums aus Keramik $\varepsilon_r(\text{Keramik}) \approx 5000$ die Kapazität um einen Faktor von 5000 gesteigert werden.

- Die **Spannung U** zwischen den Kondensatorplatten ist ein Maß für die elektrische Feldstärke E zwischen den Platten. Es gilt: $U = E \cdot d$.

SCHALTUNGEN VON KONDENSATOREN

Bei der Zusammenschaltung von Kondensatoren gelten unterschiedliche Gesetze, je nachdem, ob es sich um eine Reihen- oder eine Parallelschaltung handelt.

- **Reihenschaltung**
  Bei einer Reihenschaltung sind die beiden innen liegenden Platten entgegengesetzt stark geladen und daher zu einer neutralen Platte vereinbar. Die äußeren Platten bilden nun einen resultierenden Kondensator mit größerem Plattenabstand, also kleinerer Kapazität. Es gilt:

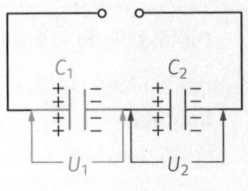

  $Q_{ges} = Q_1 = Q_2$ und $\dfrac{1}{C_{ges}} = \dfrac{1}{C_1} + \dfrac{1}{C_2}$;
  während in Parallelschaltungen gilt: $U_{ges} = U_1 + U_2$.

- **Parallelschaltung**
  Parallelschaltung bedeutet Vergrößerung der Plattenflächen (Steigerung der Kapazität) und der Gesamtladung, da auf beide Kondensatoren Ladungen fließen können. Es gilt:

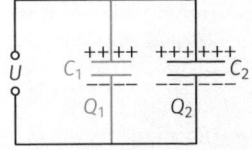

  $Q_{ges} = Q_1 + Q_2$ und $C_{ges} = C_1 + C_2$;
  Außerdem gilt in Parallelschaltungen:
  $U_{ges} = U_1 = U_2$.

Anschaulich:
Beide Kondensatoren bilden einen resultierenden größeren Kondensator.

- Wird ein Kondensator als **Ladungsspeicher** an einer Gleichspannungsquelle angeschlossen,
  fließt beim Laden ein Ladestrom und beim Entladen ein Entladestrom.

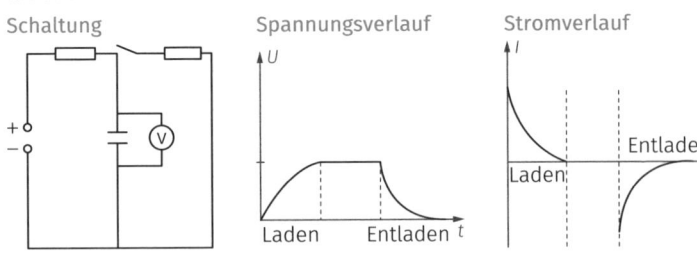

🔹 Das Laden eines Kondensators bedeutet den Aufbau eines elektrischen Feldes. Dafür ist Energie erforderlich, die dann im elektrischen Feld des Kondensators gespeichert ist (Kondensator als **Energiespeicher**). Die gespeicherte Energie berechnet sich mit:

$E = W = \frac{1}{2} \cdot Q \cdot U$ oder $E = W = \frac{1}{2} \cdot C \cdot U^2$.

Das radialsymmetrische Feld – Das COULOMB-Gesetz

🔹 Das **radialsymmetrische** elektrische Feld einer Punktladung wird auch als **COULOMB-Feld** bezeichnet.

🔹 Im radialsymmetrischen Feld einer Punktladung Q ist die Feldstärke im Abstand r von der Ladung

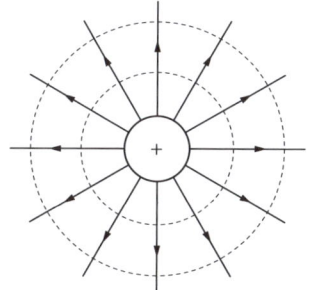

$E = \frac{1}{4\pi\varepsilon_0} \cdot \frac{Q}{r}$.

🔹 Im COULOMB-Feld der Punktladung Q wirken auf eine Ladung q je nach Vorzeichen der Ladungen anziehende oder abstoßende Kräfte.

🔹 Der Betrag der Kraft des radialsymmetrischen Feldes der Ladung Q auf die Ladung q hängt von den Beträgen der Ladungen und vom Abstand r der Ladungen ab.

Es gilt: $F = \frac{1}{4\pi\varepsilon_0} \cdot \frac{Q \cdot q}{r^2}$

WECHSELWIRKUNGSGESETZ

Aufgrund des NEWTON'schen Wechselwirkungsgesetzes ist die Kraft des COULOMB-Feldes von Q auf die Ladung q entgegengesetzt gleich der Kraft, die das Feld der Ladung q auf die Ladung Q ausübt.

- Jedem Punkt im COULOMB-Feld kann wieder ein Potential φ zugeordnet werden.

  Das COULOMB-Feld reicht bis ins Unendliche und das Potential wird im Unendlichen mit null festgelegt.

  Für das **Potential φ** in einem Punkt im Abstand r von der Ladung Q gilt daher

$$\varphi = \frac{1}{4\pi\varepsilon_0} \cdot \frac{Q}{r}.$$

  Es ergeben sich kugelförmige Äquipotentialflächen um die Punktladung herum (siehe gestrichelte Linien in der Abbildung oben).

STATISCHES ELEKTRISCHES FELD   Checkliste

Das sollten Sie jetzt sicher beherrschen:

→ elektrische Ladungen als Quellen und Senken elektrischer Feldlinien, Feldlinienverläufe und das elektrische Feld als Gesamtheit aller Feldlinien

→ Influenz und dielektrische Polarisation

→ die elektrische Feldstärke, definiert als die Kraftwirkung auf eine Ladung

→ das elektrische Potential als Verschiebungsarbeit im elektrischen Feld

→ die Spannung als Potentialdifferenz zwischen zwei Punkten im Feld

→ der Kondensator als Ladungs- und Energiespeicher

→ die Kapazität, definiert als Ladungsmenge pro Spannung und als bauartabhängige Größe

→ Gesetze in Parallel- und Reihenschaltungen von Kondensatoren

→ das homogene Feld als Spezialfall,
Berechnung der elektrischen Feldstärke und der elektrischen Potentiale

→ das radialsymmetrische Feld als Spezialfall, Berechnung der Kräfte zwischen zwei Ladungen (Coulombgesetz),
Berechnung der elektrischen Feldstärke und der elektrischen Potentiale

STATISCHES MAGNETISCHES FELD

Beschreibung des magnetischen Feldes

- Ein **Magnet** ist ein Körper, der magnetisierbare Körper aus Eisen, Nickel oder Cobalt (oder aus Legierungen derselben) anziehen kann. Magnetisierbare Körper werden dabei selbst zu Magneten.

- Ein **magnetisches Feld** ist der Raum um einen Magneten, in dem auf andere Magneten Kräfte ausgeübt werden.

- Im Unterschied zum elektrischen Feld, das auch von einzelnen Ladungen erzeugt werden kann, treten bei Magneten immer Nord- und Südpol gemeinsam auf (es gibt keine magnetischen Monopole).

- Zeichnerisch werden magnetische Felder durch **virtuelle Feldlinien** dargestellt. Experimentell lassen sich Feldlinienbilder z. B. durch Eisenfeilspäne erzeugen.

Die **Eigenschaften** magnetischer Felder werden mit Feldlinien beschrieben:

- Magnetische Feldlinien zeigen die Richtung der wirkenden Feldkräfte. Sie verlaufen außerhalb von Magneten vom Nord- zum Südpol.

- Feldlinien sind stets geschlossen, haben also keinen Anfangs- oder Endpunkt.

- Die Dichte der Feldlinien ist proportional zur Stärke des magnetischen Feldes in diesem Bereich.

- Magnetische Feldlinien schneiden und berühren sich nie.

- Ein Magnetfeld, in dem die Kraft auf einen Magneten an jedem Ort gleich stark und gleich gerichtet ist, heißt **homogenes Magnetfeld**. Die Magnetfeldlinien verlaufen dort parallel zueinander und haben gleiche Abstände voneinander.
  Ein solches Feld findet sich zwischen den Schenkeln eines Hufeisen- magneten, im Inneren einer langgestreckten, konstant stromdurch-

flossenen Zylinderspule und im Zentrum eines HELMHOLTZ-Spulen-paares.

HELMHOLTZ-SPULENPAAR

Ein HELMHOLTZ-Spulenpaar ist eine besondere Spulenanordnung, bei der zwei kurze Spulen mit großem Radius entlang derselben Achse parallel aufgestellt werden.

Durch die Überlagerung der beiden inhomogenen Spulenfelder ergibt sich in der Nähe der Spulenachse zwischen den Spulen ein nahezu homogenes Magnetfeld.

Zwischen den Spulen gibt es so viel Platz, dass dort eine Experimentieranordnung eingebaut werden kann und so Experimente im homogenen Magnetfeld durchgeführt werden können.

WICHTIGE FELDLINIENBILDER FÜR DAUERMAGNETEN

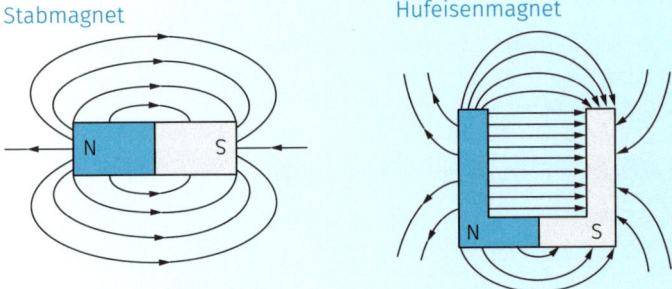

Stabmagnet

Hufeisenmagnet

• Verlaufen Feldlinien senkrecht zur Zeichenebene, verwendet man das Symbol ⊙ (Pfeilspitze) um anzuzeigen, dass sie aus der Zeichenebene herauskommen und das Symbol ⊗ (Pfeilende) um anzuzeigen, dass sie in die Zeichenebene hineingehen.

WICHTIGE FELDLINIENBILDER
FÜR STROMDURCHFLOSSENE LEITER

gerader Leiter

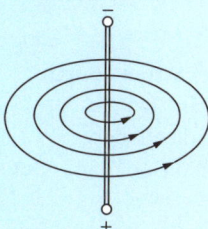

Spule

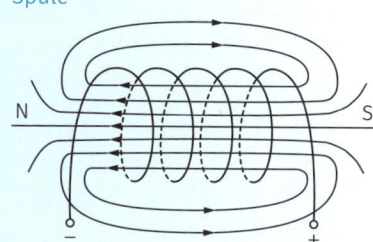

MERKREGELN FÜR FELDLINIEN

- **Rechte-Hand-Regel**
  Umschließt man einen Leiter mit der rechten Hand, so dass der Daumen in Richtung der technischen Stromrichtung (+zu −) zeigt, weisen die Finger der Hand die Magnetfeldrichtung.

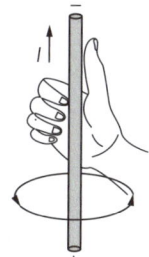

- **Magnetpole einer strom-durchflossenen Spule**
  Mithilfe der Stromrichtung in der Spule kann man die Magnetpole der Spule bestimmen. Die Spule wird dabei im Querschnitt betrachtet und die Stromrichtung in den Windungen wird mit den Schreib-

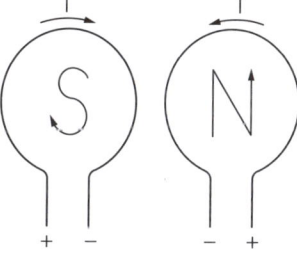

richtungen von S wie Südpol und N wie Nordpol verglichen (siehe Grafik).
Die Übereinstimmung der beiden Richtungen gibt den Magnetpol der Spule an, auf den man gerade blickt.

Magnetische Flussdichte

* Die physikalische Größe, die den Feldlinien zugeordnet wird, ist die **magnetische Flussdichte $\vec{B}$**. Sie gibt an, wie stark ein magnetisches Feld ist.

* Unter der Bedingung, dass sich ein mit **konstantem Strom I durchflossener Leiter** der Länge l senkrecht zu den Feldlinien eines Magnetfeldes befindet, kann die magnetische Flussdichte des magnetischen Feldes berechnet werden, wenn man die auf den Leiter wirkende Kraft $\vec{F}$ kennt.

$$\vec{B} = \frac{\vec{F}}{I \cdot l} \qquad\qquad [\vec{B}] = 1\,\frac{N}{Am} = 1\,\frac{Vs}{m^2} = 1\,T \text{ (Tesla)}$$

Beispielaufgabe: Stromdurchflossener Leiter im Magnetfeld

Ein 8,0 cm langes Leiterstück befindet sich in einem homogenen Magnetfeld senkrecht zu den Feldlinien.
Wenn das Leiterstück mit einem Strom der Stärke 4,5 A durchflossen wird, wirkt auf es eine Kraft von 2,3 mN.
Berechnen Sie die Stärke des magnetischen Feldes.

Lösung:

$$B = \frac{F}{I \cdot l} = \frac{2,3 \cdot 10^{-3}\,N}{4,5\,A \cdot 0,08\,m} = 6,4\,mT$$

---

* Die magnetische Flussdichte ist eine vektorielle Größe und ihre Richtung ist die Richtung der magnetischen Kraft auf den Leiter tangential zu den Feldlinien.

* Im Inneren einer **langgestreckten, mit konstantem Strom I durchflossenen Zylinderspule** der Länge l ($l \gg$ als Spulenquerschnitt) und Wicklungsanzahl N liegt nahezu ein homogenes Feld vor.
Daher ist die magnetische Flussdichte dort als konstant anzusehen und kann mit der folgenden Gleichung berechnet werden:

$$B = \mu_0 \cdot \mu_r \frac{N \cdot I}{l}$$

Der experimentell bestimmte Proportionalitätsfaktor μ_0 bezeichnet dabei die **magnetische Feldkonstante** und hat folgenden Wert:

$$\mu_0 = 4\,\pi \cdot 10^{-7}\,\frac{Vs}{Am} = 1,257 \cdot 10^{-6}\,\frac{Vs}{Am}$$

VERGRÖSSERUNG DER FLUSSDICHTE

Befindet sich im Inneren der Spule anstelle von Luft/Vakuum ein ferromagnetischer Stoff, vergrößert sich die magnetische Flussdichte um den Faktor μ_r, die **Permeabilitätszahl**.
So ist es möglich, Magnetfelder enorm zu verstärken.

- $\mu_r = 1,000$ für Luft und Vakuum
- $\mu_r \approx 250$ bis 600 für Eisen
- $\mu_r \approx 100\,000$ für spezielle Legierungen

- Überlagern sich mehrere magnetische Felder, so ergibt sich die Gesamtflussdichte mittels vektorieller Addition der Flussdichten der einzelnen Felder.

Beispielaufgabe: Spule mit Eisenfüllung

Im Feld einer Spule mit Eisenkern der Länge 0,75 m und einer Windungszahl 500 wird bei einer Stromstärke von 1,9 A eine Feldstärke von 0,95 T gemessen.
Berechnen Sie die Permeabilitätszahl μ_r für Eisen.

Lösung:
Umstellung der Formel $B = \mu_0 \cdot \mu_r \frac{N \cdot I}{l}$ ergibt

$$\mu_r = \frac{B \cdot l}{\mu_0 \cdot N \cdot I} = \frac{0,95\,\text{T} \cdot 0,75\,\text{m}}{4\,\pi \cdot 10^{-7}\,\frac{\text{Vs}}{\text{Am}} \cdot 500 \cdot 1,9\,\text{A}} = 596,8 \approx 600$$

STATISCHES MAGNETISCHES FELD　　　Checkliste

Das sollten Sie jetzt sicher beherrschen:

→ Feldlinienverläufe magnetischer Felder von Dauermagneten, geraden Leitern und Spulen und das magnetische Feld als Gesamtheit aller Feldlinien

→ die magnetische Flussdichte, definiert über die Kraftwirkung auf einen stromdurchflossenen Leiter

→ Berechnung der magnetischen Flussdichte eines stromdurchflossenen Leiters und einer langgestreckten Zylinderspule

SPEZIELLE RELATIVITÄTSTHEORIE

Die zwei Postulate von EINSTEIN

* **Inertialsysteme** sind Bezugssysteme, in denen das Trägheitsgesetz gilt (keine beschleunigten Systeme). Sie bewegen sich relativ zueinander mit konstanten Geschwindigkeiten.
  1. **Postulat: Relativitätsprinzip** – Alle Inertialsysteme sind **gleichberechtigt** und in ihnen gelten die gleichen physikalischen Gesetze.
  2. **Postulat: Konstanz der Lichtgeschwindigkeit** – Die Lichtgeschwindigkeit im Vakuum ist in allen Inertialsystemen gleich groß, unabhängig von dem Bewegungszustand der Lichtquelle und des Empfängers mit $c = 299\,792{,}458\,\frac{km}{s} \approx 3 \cdot 10^8\,\frac{m}{s}$

* Aus der Konstanz der Lichtgeschwindigkeit folgt unmittelbar die Relativität des Begriffs **Gleichzeitigkeit**, da Licht eine bestimmte Laufzeit besitzt. Zwei Ereignisse, die in einem Inertialsystem an verschiedenen Orten gleichzeitig stattfinden, erfolgen in einem dazu bewegten anderen Inertialsystem nicht gleichzeitig.

* Die Effekte der Postulate machen sich erst bei Geschwindigkeiten *oberhalb von 10 % der Lichtgeschwindigkeit* bemerkbar **(v > 0,1 c)** und müssen dann in Rechnungen (relativistisch) berücksichtigt werden.

GLEICHZEITIGKEIT

An den Orten A und B stehen zwei ruhende, identische Uhren. Von der Mitte der Uhren A und B aus wird ein

Lichtsignal in Richtung von A und B gesendet, das die Uhren bei Erreichen startet. Die Uhren werden in diesem Fall gleichzeitig gestartet, da das Licht des Startsignals zu den beiden Uhren den gleichen Weg zurücklegt. Die beiden gestarteten Uhren laufen somit in ihrem Ruhesystem **synchron**.

Bewegt sich das ganze System der beiden Uhren A und B mit ihrem festen Abstand zueinander in Bezug auf einen Beobachter B mit

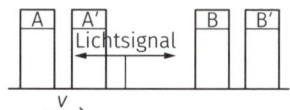

einer konstanten Geschwindigkeit v, dann haben sich die Uhren während der Laufzeit des Lichtsignals weiterbewegt. Das Lichtsignal wird wieder von der Mitte der Uhren aus gesendet. Nach einer Zeit t im Ruhesystem erreicht das Lichtsignal Uhr A (jetzt in Position A'). Die Uhr B wird aber noch nicht gestartet, da das Signal die Position B' noch nicht erreicht hat.

Ein ruhender Beobachter B, der sich mit dem System der Uhren bewegt, sieht die beiden Uhren gleichzeitig starten.

Ein Beobachter außerhalb des Systems der Uhren sieht die Uhr A vor der Uhr B starten.

Zeitdilatation

● Eine Uhr, die sich relativ zu einem Beobachter mit der Geschwindigkeit v bewegt, geht für diesen Beobachter langsamer.

$$t = t' \cdot \frac{1}{\sqrt{1 - \frac{v^2}{c^2}}} = t' \cdot \gamma$$

γ: LORENTZ-Faktor

t: Zeit, die ein Beobachter von seinem Ruhesystem für einen Vorgang im bewegten System misst

t': Zeit, die ein Beobachter misst, der sich mit dem System bewegt (**Eigenzeit**)

Gedankenexperiment mit Lichtuhren

Eine Lichtuhr ist eine Anordnung, bei der ein Lichtsignal zwischen zwei Spiegeln auf und ab läuft und bei jeder Reflexion an einem Spiegel einen Zählimpuls liefert. Eine Lichtuhr wird gestartet, wenn sie ein Startlichtsignal erreicht.

An den Orten A und B stehen zwei synchron laufende identische Lichtuhren. Eine Lichtuhr C soll sich an dem System der Lichtuhren A und B (Ruhesystem) mit einer konstanten Geschwindigkeit v vorbelbewegen. Die Lichtuhr C soll beim Vorbeiflug an Lichtuhr A mit dieser synchron laufen.

 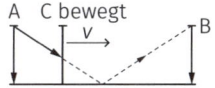

Ein Beobachter im Inertialsystem der Uhren A und B sieht in den Uhren A und B einen Lichtweg von oben nach unten verlaufend.

Zu dem Zeitpunkt t, in dem er in der Uhr A das Lichtsignal unten sieht, ist für ihn das Lichtsignal in der bewegten Lichtuhr C noch nicht unten angekommen. Der Weg des Lichtsignals in Uhr C verläuft für ihn schräg und so hat das Licht einen wesentlich **längeren Weg** bis nach unten zum Spiegel zurückzulegen (c ist invariant) und hat den Spiegel in der Zeit t noch nicht erreichen können.

Aus der Sicht des Beobachters im ruhenden System der Uhr A geht also die bewegte Uhr C langsamer als seine ruhende Uhr A.

Dieser Effekt heißt **Zeitdilatation**.

Beispielaufgabe: Zeitdilatation

Eine Rakete bewegt sich relativ zur Erde mit 60 % der Lichtgeschwindigkeit. Ein Astronaut in der Rakete beobachtet in der Rakete einen Vorgang von 2 Minuten Dauer.

Berechnen Sie, welche Zeit ein Beobachter auf der Erde für den Vorgang in der Rakete messen würde.

Lösung:

Die Erde bildet hier das ruhende System und es sind daher gegeben: $t' = 2\,min$ und $v = 0,60\,c$.

Die gesuchte Zeit t berechnet sich:

$$t = t' \cdot \frac{1}{\sqrt{1 - \frac{v^2}{c^2}}} = 2\,min \cdot \frac{1}{\sqrt{1 - \frac{0,6^2 \cdot c^2}{c^2}}} = 2,5\,min$$

Für einen Beobachter auf der Erde dauert der Vorgang 2,5 min, der gleiche Vorgang in der Rakete für den Astronauten nur 2 min.

Längenkontraktion

● Körper, die sich relativ zu einem Beobachter mit der Geschwindigkeit v bewegen, erscheinen für diesen **in Bewegungsrichtung** verkürzt.

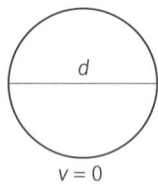

d

$v = 0$

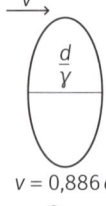

v

$\frac{d}{\gamma}$

$v = 0,886\,c$

$\gamma = 2$

$\frac{d}{\gamma}$

$v = 0,968\,c$

$\gamma = 4$

$$l = l' \cdot \sqrt{1 - \frac{v^2}{c^2}} = \frac{l'}{\gamma}$$

γ: LORENTZ-Faktor

l: Länge des Körpers, der sich mit einer Geschwindigkeit v relativ zum Beobachter bewegt, gemessen im Ruhesystem des Beobachters

l': Länge des Körpers, gemessen im Ruhesystem des Körpers (**Eigenlänge**)

Beispiel Rakete

Berechnen Sie, wie schnell eine Rakete an der Erde vorbeifliegen muss, damit die von der Erde aus gemessene Länge der Rakete die Hälfte ihrer Eigenlänge beträgt.

Ermitteln Sie, wie viel Zeit an Bord der Rakete vergangen ist, wenn auf der Erde 1 Sekunde verstrichen ist.

Lösung:

Die Eigenlänge der Rakete beträgt in dem Fall l' und die Länge, die der Beobachter von der Erde aus misst $l = \frac{1}{2} l'$.

Eingesetzt in die Formel der Längenkontraktion ergibt sich:

$$l = l' \cdot \sqrt{1 - \frac{v^2}{c^2}} = \frac{1}{2} l'$$

Aus $l = \frac{l'}{\gamma}$ folgt: $\gamma = 2$.

Auflösen von $\gamma = \dfrac{1}{\sqrt{1 - \frac{v^2}{c^2}}}$ nach $\frac{v}{c}$ ergibt dann:

$$\frac{v}{c} = \sqrt{1 - \frac{1}{\gamma^2}} = \sqrt{1 - \frac{1}{2^2}} = \frac{\sqrt{3}}{2}$$

Die Rakete fliegt also mit einer Geschwindigkeit $v = \frac{\sqrt{3}}{2} c \approx 0{,}886\,c$ relativ zur Erde an der Erde vorbei.

Während auf der Erde eine Zeit von 1 Sekunde vergangen ist, vergeht in der Rakete eine Zeit von: $t = 1\,\text{s} = t' \cdot \gamma$

Umstellen und Einsetzen ergibt: $t' = \dfrac{1\,\text{s}}{\gamma} = \dfrac{1\,\text{s}}{2} = 0{,}5\,\text{s}$.

BERECHNUNGEN

Es ist beim Lösen der Aufgaben immer von Vorteil gleich zu Beginn den LORENTZ-Faktor γ zu bestimmen und damit die gesuchten relativistischen Effekte zu berechnen.

So kann man oftmals Zeit sparen und langes Umstellen der Formeln vermeiden.

Das Myonenexperiment

Myonen sind schwere Elementarteilchen, die, von der Erde aus betrachtet, in etwa 11 km Höhe über der Erdoberfläche entstehen, wenn hochenergetische Teilchen des Sonnenwindes auf die Teilchen der Atmosphäre prallen. Sie bewegen sich dann mit 99,95 % der Lichtgeschwindigkeit auf die Erdoberfläche zu.

Im ruhenden Laborsystem haben die Myonen eine mittlere Lebensdauer von 1,52 µs. Dabei können sie eine Strecke von etwa

$$s = v \cdot t = 0{,}9995\, c \cdot 1{,}52\,\mu s = 456\,m$$

bis zu ihrem Zerfall zurücklegen.

Dennoch werden Myonen auf der Erdoberfläche registriert, haben also einen Weg von ca. 11 km zurückgelegt.

Ein Beobachter B′ bewege sich mit dem Myonen mit und misst für sie eine mittlere Lebensdauer von 1,52 µs, da diese relativ zu ihm ruhen. Die Myonen und der Beobachter B′ bewegen sich aber relativ zu einem Beobachter B auf der Erde sehr schnell. Daher vergeht für den Beobachter B bis zum Zerfall der Myonen mehr Zeit als für B′ (Zeitdilatation).

Die Berechnung des LORENTZ-Faktors ergibt:

$$\gamma = \frac{1}{\sqrt{1 - \frac{v^2}{c^2}}} = \gamma = \frac{1}{\sqrt{1 - \frac{(0{,}9995\, c)^2}{c^2}}} = 31{,}6$$

Die Zeit, die der Beobachter B misst, ergibt sich dann zu:

$$t = t' \cdot \gamma = 31{,}6 \cdot t' = 31{,}6 \cdot 1{,}52 \cdot 10^{-6}\,s = 4{,}81 \cdot 10^{-5}\,s = 48{,}1\,\mu s$$

Aus der Sicht von B können die Myonen also einen Weg von $31{,}6 \cdot 456\,m = 14{,}4\,km$ zurücklegen und daher die Erdoberfläche erreichen.

Wird dieser Vorgang aus dem Ruhesystem der Myonen heraus betrachtet, dann bewegt sich die Erde und ihre Atmosphäre mit annähernd Lichtgeschwindigkeit auf diese zu. Durch die Längenkontraktion wirkt die Höhe der Erdatmosphäre verkürzt und die Erde selbst abgeplattet.

Da die Streckenlänge von 11 km bis zur Erdoberfläche (von der Erde aus gemessen) für die Myonen längenkontrahiert wird, ergibt sich für die Strecke, die sie dann zurücklegen müssen:

$$l' = \frac{l}{\gamma} = \frac{10 \cdot 10^3\,m}{31{,}6} = 348\,m.$$

Die Strecke von 348 m können die Myonen in ihrer Lebensdauer zurücklegen und erreichen so die Erdoberfläche.

Relativität der Masse und Impuls

* Die **Masse m_0** eines Körpers, die ein Beobachter wahrnimmt, der gegenüber dem Körper in einem Intertialsystem ruht, bezeichnet man als **Ruhemasse**.

* Die **Masse m** eines Körpers nimmt mit seiner Geschwindigkeit v zu und wird auch als **relativistische Masse** bezeichnet.

$$m = m_0 \cdot \frac{1}{\sqrt{1 - \frac{v^2}{c^2}}} = m_0 \cdot \gamma \qquad (\gamma: \text{LORENTZ-Faktor})$$

LICHTGESCHWINDIGKEIT UNERREICHBAR

Für die Annäherung der Geschwindigkeit v des Körpers an die Lichtgeschwindigkeit c geht der Nenner des LORENTZ-Faktors gegen null und die relativistische Masse nimmt immer stärker zu. Einstein schlussfolgerte daraus, dass es für einen Körper mit einer **Ruhemasse ungleich null unmöglich ist, die Lichtgeschwindigkeit zu erreichen.**

Der **Massenzuwachs** des Körpers beträgt dabei

$$\Delta m = m - m_0 = m_0 \cdot \left(\frac{1}{\sqrt{1 - \frac{v^2}{c^2}}} - 1 \right).$$

Beispielaufgabe: Massenzunahme

Berechnen Sie, wie schnell sich ein Körper bewegen müsste, damit seine (relativistische) Masse doppelt so groß ist, wie seine Ruhemasse.

Lösung:

$$m - 2 \cdot m_0 = m_0 \cdot \frac{1}{\sqrt{1 - \frac{v^2}{c^2}}} \Rightarrow 2 = \frac{1}{\sqrt{1 - \frac{v^2}{c^2}}} \Rightarrow \frac{v^2}{c^2} = 1 - \frac{1}{2^2} = \frac{3}{4}$$

Daraus ergibt sich für die gesuchte Geschwindigkeit. $v - 0{,}866\,c$. Ein Körper müsste sich mit 86,6 % der Lichtgeschwindigkeit bewegen, um seine Masse zu verdoppeln.

* Der **Impuls p** eines bewegten Körpers nimmt ebenfalls mit seiner Geschwindigkeit v zu und wird als **relativistischer Impuls** bezeichnet.

$$p = m_0 v \cdot \frac{1}{\sqrt{1 - \frac{v^2}{c^2}}} = p_0 \cdot \gamma \quad (\gamma: \text{LORENTZ-Faktor})$$

Äquivalenz von Masse und Energie

* Die **Gesamtenergie E_{ges}** eines Körpers und seine relativistische Masse m sind zueinander proportional.
  Masse und Energie sind äquivalent.
  $E_{ges} = m \cdot c^2$

* Die **Gesamtenergie E_{ges}** eines Körpers der Ruhemasse m_0, der sich mit einer Geschwindigkeit v bewegt, setzt sich aus seiner **Ruheenergie E_0** als Äquivalent seiner Ruhemasse und seiner **kinetischen Energie E_{kin}** zusammen:
  $E_{ges} = m \cdot c^2 = E_0 + E_{kin} = m_0 \cdot c^2 + E_{kin}$
  Die kinetische Energie eines Körpers ist die Differenz von Gesamt- und Ruheenergie.
  Masse und Energie sind ineinander umrechenbar.

* Zwischen Gesamtenergie **E_{ges}** und **relativistischem Impuls p** ergibt sich die folgende relativistische Beziehung.
  $E_{ges}^2 = c^2 p^2 + E_0^2$

Beispielaufgabe: Beschleunigung eines Protons

In einem Vorbeschleuniger des LHC (Large Hadron Collider, der unterirdische Teilchenbeschleuniger von CERN bei Genf) soll ein Proton auf 91,6 % der Lichtgeschwindigkeit beschleunigt werden. Berechnen Sie die Energie, die für diese Geschwindigkeitszunahme benötigt wird.

Lösung:
Ruheenergie des Protons:

$E_0 = m_0 \cdot c^2 = 1{,}672\,62 \cdot 10^{-27} \text{kg} \cdot \left(2{,}9979 \cdot 10^8 \tfrac{\text{m}}{\text{s}}\right)^2 = 1{,}5 \cdot 10^{-10}\,\text{J}$

$$= \frac{1{,}5 \cdot 10^{-10}\,\text{J}}{1{,}6022 \cdot 10^{-19}\,\tfrac{\text{J}}{\text{eV}}} = 938{,}2\,\text{MeV}$$

Benötigte kinetische Energie:

$$E_{kin} = E_{ges} - E_0 = m \cdot c^2 - E_0 = \frac{m_0}{\sqrt{1 - \tfrac{v^2}{c^2}}} \cdot c^2 - m_0 \cdot c^2$$

$$= \left(\frac{1}{\sqrt{1 - \tfrac{v^2}{c^2}}} - 1\right) \cdot m_0 c^2 = \left(\frac{1}{\sqrt{1 - 0{,}916^2}} - 1\right) \cdot E_0 = 1{,}49 \cdot 938{,}2\,\text{MeV}$$

$$= 1400\,\text{MeV}$$

Beispielaufgabe: Anwendung der Impuls-Energie-Beziehung (1)

Bestimmen Sie, wie groß der Impuls eines Elektrons ist,
dessen Energie fünfmal so groß ist wie seine Ruheenergie.

Lösung:

Aus $E_{ges}^2 = c^2 p^2 + E_0^2$
folgt durch Umstellung:

$$p = \frac{\sqrt{E_{ges}^2 - E_0^2}}{c} = \frac{\sqrt{(5 \cdot E_0)^2 - E_0^2}}{3 \cdot 10^8 \, \frac{m}{s}} = \frac{\sqrt{24 \cdot E_0^2}}{c}$$

$$= \sqrt{24} \cdot \frac{E_0}{c}$$

$$p = \sqrt{24} \cdot \frac{511 \, keV}{c} = 2.5 \, \frac{MeV}{c}$$

Beispielaufgabe: Anwendung der Impuls-Energie-Beziehung (2)

Ein Proton hat einen Impuls von $5 \, \frac{GeV}{c}$.
Berechnen Sie seine Geschwindigkeit.

Lösung:

Aus $p = m_0 v \cdot \frac{1}{\sqrt{1 - \frac{v^2}{c^2}}}$ erhält man durch Umformungen:

$$\frac{v}{c} = \frac{1}{\sqrt{1 + \left(\frac{m_0 c^2}{p c}\right)^2}} = \frac{1}{\sqrt{1 + \left(\frac{938.7 \, MeV}{5 \, GeV}\right)^2}} = 0.983$$

also eine Geschwindigkeit von 98,3 % der Lichtgeschwindigkeit.

SPEZIELLE RELATIVITÄTSTHEORIE — Checkliste

Das sollten Sie jetzt sicher beherrschen:
→ Inertialsysteme und die zwei Postulate EINSTEINS
→ Zeitdilatation und Längenkontraktion als Auswirkungen der
   Postulate und deren Berechnung
→ relativistische Massenzunahme und relativistischer Impuls eines
   Körpers
→ Äquivalenz von Masse und Energie und deren Berechnung

BEWEGUNG GELADENER TEILCHEN IN FELDERN

Geladene Teilchen in homogenen elektrischen Feldern

- Auf ein frei bewegliches Teilchen der **Ladung q** wirkt in einem elektrischen Feld eine **Feldkraft F** entlang der Feldlinien.
  Da das Feld homogen ist, ist die **Feldstärke E** konstant.
  $$F = q \cdot E$$
  Spezialfall Plattenkondensator mit: $E = \frac{U}{d} \Rightarrow F = q \cdot \frac{U}{d}$

- Nach dem NEWTON'schen Grundgesetz erfährt das geladene Teilchen eine gleichmäßige Beschleunigung entlang der Feldlinien.
  $$a = \frac{F}{m} = \frac{q}{m} \cdot E = \frac{q}{m} \cdot \frac{U}{d}$$

Geladene Teilchen im homogenen Längsfeld

- Bewegt sich ein geladenes Teilchen mit der Ladung q parallel zu den Feldlinien, wird es in deren Richtung beschleunigt und besitzt dann aufgrund der Beschleunigung durch die Spannung U die **Energie $E = q \cdot U$** in Form von kinetischer Energie.
  Es gilt:

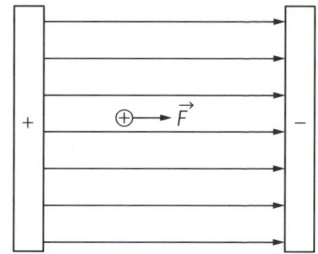

  $$q \cdot U = \frac{1}{2} m v^2 \text{ für den } \textbf{Energieansatz}$$

  oder

  $$v = \sqrt{2U \cdot \frac{q}{m}} \text{ für dessen } \textbf{Geschwindigkeit.}$$

- Die Energie eines durch 1 V beschleunigten Elektrons beträgt
  $E = q \cdot U = 1{,}602 \cdot 10^{-19} C \cdot 1\,V = 1{,}602 \cdot 10^{-19}\,J = 1\,eV$
  Diese Energie nennt man ein **Elektronenvolt.**

Beispielaufgabe: Beschleunigung in Elektronenstrahlröhre

In einer Elektronenstrahlröhre beträgt die Beschleunigungs-
spannung 2,5 Kilovolt.
Berechnen Sie die Geschwindigkeit der Elektronen nach dem
Durchlaufen dieser Spannung.

Lösung:
Energie der Elektronen nach dem Durchlaufen: $E = 2,5\,\text{keV}$

$$v = \sqrt{2\,U \cdot \frac{q}{m}} = \sqrt{2 \cdot 2500\,\text{V} \cdot \frac{1,602 \cdot 10^{-19}\,\text{C}}{9,109 \cdot 10^{-31}\,\text{kg}}} \approx 3 \cdot 10^7 \frac{\text{m}}{\text{s}}$$

Die Elektronen erreichen eine Geschwindigkeit von fast 10 % der
Lichtgeschwindigkeit im Vakuum.

Beispielaufgabe: Relativistische Rechnung

Werden geladene Teilchen über 10 % der Lichtgeschwindigkeit
beschleunigt, kann nicht mehr klassisch, sondern es muss relativistisch gerechnet werden, um die relativistische Massen- und Energie-
zunahmen zu berücksichtigen.
Der LHC von CERN bei Genf erzeugt als größter Teilchenbeschleuniger der Welt Protonen mit einer Gesamtenergie von 7000 GeV und
lässt diese anschließend kollidieren.
Berechnen Sie die relativistische Masse dieser Protonen im Vergleich zu ihrer Ruhemasse und ermitteln Sie deren Geschwindigkeit
kurz vor dem Zusammenprall.

Lösung:
relativistischer Ansatz: $E_{\text{ges}} = E = m\,c^2 = m_0 \cdot \dfrac{1}{\sqrt{1 - \frac{v^2}{c^2}}} \cdot c^2 = m_0 \cdot \gamma \cdot c^2$

Daraus folgt einerseits: $\dfrac{m}{m_0} = \dfrac{1}{\sqrt{1 - \frac{v^2}{c^2}}} = \gamma$

und andererseits: $\gamma = \dfrac{E}{m_0 \cdot c^2}$

relativistische Masse:

$$\gamma = \frac{E}{m_0 \cdot c^2} = \frac{7 \cdot 10^{12} \cdot 1,602 \cdot 10^{-19}\,\text{J}}{1,67262 \cdot 10^{-27}\,\text{kg} \cdot \left(2,9979 \cdot 10^8 \frac{\text{m}}{\text{s}}\right)^2} = 7460 = \frac{m}{m_0}$$

Die Masse der Protonen beträgt das 7460-fache der Ruhemasse.
Geschwindigkeit der Protonen:

$$\gamma = \frac{1}{\sqrt{1 - \frac{v^2}{c^2}}} \Rightarrow \frac{v}{c} = \sqrt{1 - \frac{1}{\gamma^2}} = \sqrt{1 - \frac{1}{7460^2}} = 0,999\,999\,991$$

Die Protonen erreichen eine Geschwindigkeit von 0,999 999 991 %
der Lichtgeschwindigkeit.

ANWENDUNGSFELDER

Die Beschleunigung geladener Teilchen findet Anwendung bei Elektronenstrahlröhren und Beschleunigern, wie Linear- und Ringbeschleunigern.

Geladene Teilchen können mit elektrischen Längsfeldern auch abgebremst werden, wenn sie sich gegen die Feldlinienrichtung bewegen.

Gegenfeldmethode

Diese Abbremsung wird beispielsweise bei der **Gegenfeldmethode** verwendet, mit der sich die **Geschwindigkeit** und damit die Energie von geladenen Teilchen bestimmen lassen.

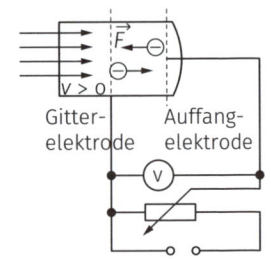

Dabei treten geladene Teilchen durch eine Gitterelektrode in ein Gegenfeld ein und werden durch die angelegte Gegenspannung abgebremst.
Bei geringer Gegenspannung gelangen noch geladene Teilchen zur Auffangelektrode.

Diese Gegenspannung wird so lange erhöht, bis keine Teilchen mehr von der Auffangelektrode registriert werden.

Bei diesem Grenzfall sind die kinetische Energie der Teilchen beim Eintritt und die Arbeit gegen das elektrische Feld betragsgleich und können zur Bestimmung der Geschwindigkeit v mit

$$v = \sqrt{2\,U \cdot \frac{q}{m}}$$

der Teilchen benutzt werden.

Geladene Teilchen im homogenen Querfeld

* Bewegt sich ein geladenes Teilchen mit der Ladung q mit einer konstanten Geschwindigkeit v_0 senkrecht zu den Feldlinien in ein homogenes elektrisches Feld, wird es in die Richtung der Feldlinien durch die Feldkraft beschleunigt.

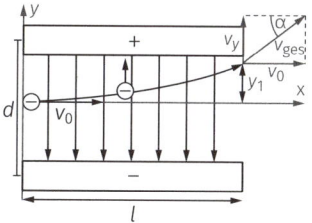

* Für die gleichförmige Bewegung in x-Richtung gilt:

  $x = v_0 \cdot t$ **(I)**

* Für die beschleunigte Bewegung in y-Richtung gilt:

  $y = \frac{1}{2}a\,t^2 = \frac{1}{2} \cdot \frac{q}{m} \cdot E \cdot t^2$ **(II)**

* Die beiden Bewegungen überlagern sich und das Teilchen bewegt sich auf einer **Parabelbahn**.

* Die daraus folgende **Ablenkung y_1** des Teilchens in Feldlinienrichtung ist abhängig von der Ablenkspannung U, die an den Platten anliegt, der Eintrittsgeschwindigkeit v_0 des Teilchens und den geometrischen Abmessung der Anordnung, wie Plattenabstand d und Länge l.

Eliminierung von t mit Einsetzen von (I) in (II) ergibt die Gleichung der **Parabelbahnkurve:**

$y_1 = \frac{1}{2}\frac{U}{d} \cdot \frac{q}{m} \cdot \frac{1}{v_0^2} \cdot x^2$.

* Die **Flugzeit t** des Teilchens durch die Plattenanordnung ergibt sich aus der gleichförmigen Bewegung zu $t = \frac{l}{v_0}$.

* Der **Austrittswinkel α** am Ende der Plattenanordnung kann mithilfe der einzelnen Geschwindigkeitskomponenten berechnet werden.

  $v_x = v_0$ und $v_y = a \cdot t = \frac{q}{m} \cdot E \cdot t = \frac{q}{m} \cdot E \cdot \frac{l}{v_0}$

  Austrittswinkel: $\tan(\alpha) = \frac{v_y}{v_x} = \frac{q \cdot E \cdot l}{m \cdot v_0^2}$

Beispielaufgabe: Ablenkung im elektrischen Querfeld

Elektronen treten mit einer Energie von 500 eV senkrecht zu den Feldlinien in ein homogenes elektrisches Feld ein, welches zwischen zwei Platten mit einem Abstand von 3,0 cm und einer Länge von 6,0 cm existiert.
Berechnen Sie die Geschwindigkeit der Elektronen beim Eintritt in das elektrische Feld, die Spannung an den Ablenkplatten, wenn die Elektronen am Ende des Feldes eine Ablenkung von 2,2 mm besitzen.

Lösung:
Nach der Definition des Elektronenvolts ergibt sich eine Beschleunigungsspannung von 500 V für die Elektronen.

Eintrittsgeschwindigkeit der Elektronen:

$$v = \sqrt{2\,U \cdot \frac{q}{m}} = \sqrt{2 \cdot 500\,\text{V} \cdot \frac{1{,}602 \cdot 10^{-19}\,\text{C}}{9{,}109 \cdot 10^{-31}\,\text{kg}}} = 1{,}3 \cdot 10^7\,\frac{\text{m}}{\text{s}}$$

Die Spannung der Ablenkplatten erhält man durch die Umstellung der Gleichung für die Parabelbahnkurve:

$$U = 2\,y_1 \cdot \frac{m}{e} \cdot d \cdot \frac{v_0^2}{l^2}$$
$$= 2 \cdot 2{,}2 \cdot 10^{-3}\,\text{m} \cdot \frac{9{,}109 \cdot 10^{-31}\,\text{kg}}{1{,}602 \cdot 10^{-19}\,\text{C}} \cdot 0{,}03\,\text{m} \cdot \frac{\left(1{,}3 \cdot 10^7\,\frac{\text{m}}{\text{s}}\right)^2}{(0{,}06\,\text{m})^2}$$
$$= 36{,}7\,\text{V}$$

STARKE ABLENKUNG IM ELEKTRISCHEN QUERFELD

Wenn die Eintrittsgeschwindigkeit v_0 eines geladenen Teilchens in das homogene Feld des Plattenkondensators und der Plattenabstand d des Kondensators klein genug sind, dann ist das Teilchen nicht in der Lage, das gesamte Feld des Plattenkondensators zu durchfliegen, sondern es schlägt vorher auf einer der Platten auf.
In diesem Fall kann man die Ablenkung in y-Richtung gleich dem halben Plattenabstand d setzen $(y_1 = 0{,}5\,d)$ und die Gleichung der Parabelbahnkurve nach x auflösen, um zu berechnen, nach welcher Strecke x das Teilchen auf die Platte trifft.

Geladene Teilchen in homogenen elektrischen Feldern

Die LORENTZ-Kraft

- Auf elektrisch geladene Teilchen, die sich in einem Magnetfeld der Flussdichte B mit einer Geschwindigkeit v bewegen, wirkt die **LORENTZ-Kraft F_L**.
  Sie steht jeweils senkrecht auf der Bewegungsrichtung der Teilchen und der Feldrichtung.
  Sie ist maximal, wenn Bewegungsrichtung und Feldrichtung senkrecht aufeinander stehen.

  $F_L = q \cdot v \cdot B$

DREI-FINGER-REGEL

Die Richtung der LORENTZ-Kraft lässt sich mithilfe der Drei-Finger-Regel (auch Rechte-Hand-Regel) bestimmen.

Daumen: technische Stromrichtung von + nach – (Ursache)
Zeigefinger: Magnetfeldrichtung von N nach S (Vermittlung)
Mittelfinger: Richtung der LORENTZ-Kraft (Wirkung)

- Treten die geladenen Teilchen senkrecht in das Magnetfeld ein, so wirkt die **LORENTZ-Kraft als Zentripetalkraft** und die Teilchen werden auf eine **Kreisbahn** gezwungen.

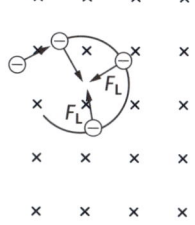

- Für den Kräfteansatz der Kreisbahn ergibt sich

  $F_L = F_Z \Rightarrow q \cdot v \cdot B = \dfrac{m \cdot v^2}{r}$

  und für den **Radius der Kreisbahn** $r = \dfrac{m \cdot v}{q \cdot B}$.

- Bewegen sich die geladenen Teilchen nicht senkrecht, sondern unter einem Winkel α zur Magnetfeldrichtung, dann wird die Geschwindigkeit der Teilchen in eine senkrechte und eine parallele Komponente zerlegt. Die LORENTZ-Kraft wirkt nur auf die Geschwindigkeitskomponente senkrecht zur Magnetfeldrichtung. Durch die Überlagerung beider Geschwindigkeitskomponenten ergibt sich eine spiralförmige Bahn der geladenen Teilchen (Schraubenlinie).

  $F_L = q \cdot v \cdot B \cdot \sin(\alpha)$

Die Bestimmung der spezifischen Ladung geladener Teilchen

● Die Ablenkung von geladenen Teilchen, wie z.B. Elektronen, im homogenen magnetischen Feld kann benutzt werden, um deren **spezifische Ladung** zu bestimmen, also ihre Ladung pro Masse.

● Dabei werden die Teilchen zunächst durch ein elektrisches Feld auf eine Geschwindigkeit $v = \sqrt{2\,U \cdot \frac{q}{m}}$ beschleunigt und anschließend von einem homogenen Magnetfeld auf eine Kreisbahn abgelenkt.

$$q \cdot v \cdot B = \frac{m \cdot v^2}{r} \Rightarrow q \cdot B = \frac{m \cdot v}{r} = \frac{m \cdot \sqrt{2\,U \cdot \frac{q}{m}}}{r}$$

● Umgestellt und quadriert erhält man die Gleichung für die Bestimmung der spezifischen Ladung:

$$\frac{q}{m} = \frac{2U}{B^2 \cdot r^2}$$

DAS FADENSTRAHLROHR

Die spezifische Ladung von Elektronen kann auf diese Weise mit einen **Fadenstrahlrohr** bestimmt werden.

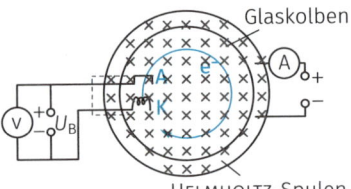

Glaskolben

HELMHOLTZ-Spulen

● Ein evakuierter Glaskolben wird z.B. mit Wasserstoff gefüllt.

● Aus einer Glühkathode in der Röhre werden Elektronen freigesetzt und zur Anode hin durch eine Spannung U_B beschleunigt.

● Durch das homogene Magnetfeld im Inneren der HELMHOLTZ-Spulen werden sie anschließend auf eine Kreisbahn gezwungen.

● Durch die Zusammenstöße mit den Wasserstoffatomen, werden diese zum Leuchten angeregt und der Elektronenstrahl wird so sichtbar gemacht.

Beispielaufgabe: Spezifische Ladung von Elektronen

Die magnetische Flussdichte einer HELMHOLTZ-Spulenanordnung wurde mit einer HALL-Sonde zu 1,1 mT bestimmt.
Bei einer Beschleunigungsspannung von 210 V wurde im Fadenstrahlrohr eine Kreisbahn der Elektronen mit einem Durchmesser von 8,8 cm bestimmt.
Bestimmen Sie aus diesen Daten die spezifische Ladung der Elektronen.

Lösung:

$$\frac{q}{m} = \frac{2\,U}{B^2 \cdot r^2} = \frac{2 \cdot 210\,V}{\left(1{,}1 \cdot 10^{-3}\,T\right)^2 \cdot \left(4{,}4 \cdot 10^{-2}\,m\right)^2} = 1{,}793 \cdot 10^{11}\,\frac{C}{kg}$$

Der HALL-Effekt

● Wird ein flächenhafter, stromdurchflossener Leiter senkrecht zur Driftgeschwindigkeit der Elektronen von einem Magnetfeld durchsetzt, werden diese durch die LORENTZ-Kraft im Leiter abgelenkt.

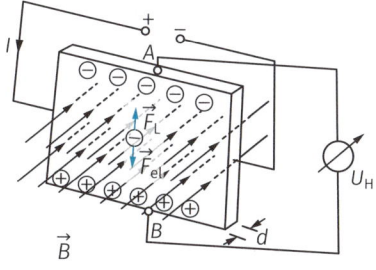

● Zwischen den gegenüberliegenden Flächen A und B des Leiters entsteht somit eine Ladungsdifferenz, also ein elektrisches Feld.
Die elektrische Feldkraft ist der magnetischen Feldkraft entgegengerichtet.
Dieser Vorgang endet, wenn sich beide Kräfte im Gleichgewicht befinden.
Die dabei entstandene nachweisbare Spannung zwischen A und B heißt **HALL-Spannung U_H**.

$$F_L = F_{el} \;\rightarrow\; q \cdot v \cdot B = q \cdot \frac{U_H}{d} \;\Rightarrow\; U_H = d \cdot v \cdot B$$

● Dieser Zusammenhang wird genutzt, um magnetische Flussdichten, also die Stärke von Magnetfeldern, mit sogenannten **HALL-Sonden** zu messen.

Der Geschwindigkeitsfilter nach WIEN

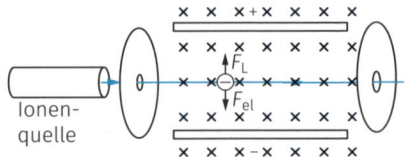

* Treten geladene Teilchen unterschiedlicher Geschwindigkeiten in ein gekreuztes elektrisches und magnetisches Feld ein, dann wirken auf sie gleichzeitig die elektrische Feldkraft und die LORENTZ-Kraft.
  Die Felder sind so gerichtet, dass sich die Kräfte entgegenwirken.

* Nur die geladenen Teilchen, bei denen sich die Feldkräfte gegenseitig aufheben, passieren das gekreuzte Feld geradlinig.
  $$F_{el} = F_L \quad \Rightarrow \quad q \cdot E = q \cdot v \cdot B \quad \Rightarrow \quad v = \frac{E}{B}$$
  Durch die Variation der jeweiligen Feldstärken der beiden Felder ist es so möglich, nur geladene Teilchen einer bestimmten Geschwindigkeit v passieren zu lassen.

Das Massenspektrometer

* Mithilfe eines Massenspektrometers ist es möglich, geladene Teilchen kleinster Massendifferenzen (z. B. Isotope) voneinander zu trennen.

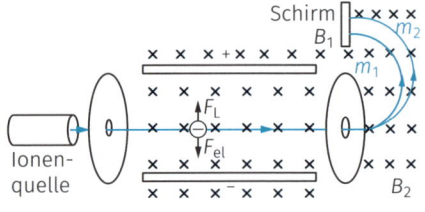

* Die Teilchen (z. B. Ionen) durchqueren zunächst einen WIEN-Filter, um ihre Geschwindigkeit $v = \frac{E}{B_1}$ exakt festzulegen.
  Im Anschluss treten sie in ein zweites Magnetfeld ein und werden aufgrund ihrer verschiedenen Massen unterschiedlich stark abgelenkt. Der Radius ihrer Kreisbahn hängt neben der Magnetfeldstärke B_2 nur noch von ihrer spezifischen Ladung ab:

$$F_L = F_Z \quad \Rightarrow \quad q \cdot v \cdot B_2 = \frac{m \cdot v^2}{r} \quad \Rightarrow \quad q B_2 = \frac{m}{r} \cdot \frac{E}{B_1}$$

Mit diesem Verfahren ist es möglich, die spezifische Ladung des Teilchens und bei bekannter Teilchenmasse die Ladung des Teilchens zu bestimmen:

$$\frac{q}{m} = \frac{E}{r \cdot B_1 \cdot B_2}$$

Beispielaufgabe: Massenspektrometer

Im WIEN-Filter eines Massenspektrometers betragen die elektrische Feldstärke $20\,\frac{kV}{m}$ und die magnetische Flussdichte $50\,mT$.

Das gegebene Magnetfeld wird auch benutzt, um anschließend die einfach geladenen Ionen, die das WIEN-Filter geradlinig passiert haben, auf eine Kreisbahn mit einem Radius von $37\,cm$ zu lenken ($B_1 = B_2$).

Berechnen Sie die Geschwindigkeit der Ionen, die das WIEN-Filter passieren können und die Masse eines Ions.

Lösung:

$$v = \frac{E}{B} = \frac{20\,000\,\frac{V}{m}}{50 \cdot 10^{-3}\,T} = 4 \cdot 10^5\,\frac{m}{s}$$

$$\frac{q}{m} = \frac{E}{r \cdot B_1 \cdot B_2} = \frac{20\,000\,\frac{V}{m}}{0{,}37\,m \cdot (50 \cdot 10^{-3}\,T)^2} = 21{,}6 \cdot 10^6\,\frac{C}{kg}$$

$$m = \frac{q}{21{,}6 \cdot 10^6\,\frac{C}{kg}} = \frac{1{,}602 \cdot 10^{-19}\,C}{21{,}6 \cdot 10^6\,\frac{C}{kg}} = 7{,}41 \cdot 10^{-27}\,kg$$

Teilchenbeschleuniger

* Das Ziel von Teilchenbeschleunigern ist es, geladene Teilchen mithilfe elektrischer Felder auf hohe Geschwindigkeiten zu bringen.
Durch anschließende Kollisionen der Teilchen werden viele wertvolle Erkenntnisse zur Struktur der Materie gewonnen.

* Wichtige Typen von Beschleunigern sind **Linearbeschleuniger**, **Zyklotrone** und **Synchrotrone**.

Linearbeschleuniger

* **Linearbeschleuniger** sind so aufgebaut, dass die geladenen Teilchen eine Reihe von röhrenförmigen Elektroden (Driftröhren) durchlaufen.

* Das Innere der Driftröhren ist dabei feldfrei. Beschleunigt werden die Teilchen dabei in den Zwischenräumen zwischen den Röhren an denen eine hochfrequente Wechselspannung anliegt. Diese polt um, sobald sich die Teilchen in den Röhren befindet, um sie beim Austritt erneut zu beschleunigen.

* Da die Teilchengeschwindigkeit beim Durchlauf jedes Zwischenraums steigt, muss bei konstanter Frequenz der Wechselspannung die Länge der Röhren auch immer größer werden (enormer Platzbedarf).

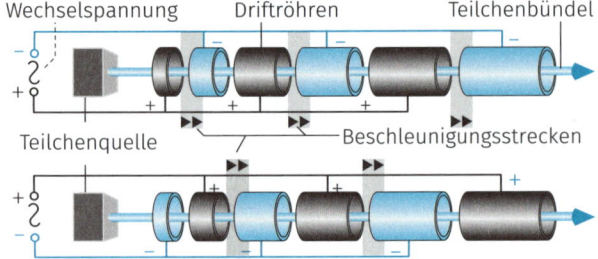

● Teilchen können in Linearbeschleunigern Geschwindigkeiten bis etwa 5 % der Lichtgeschwindigkeit erreichen (Energien der Teilchen sind je nach Masse unterschiedlich).

Zyklotron

● Ein **Zyklotron** ist aus einer flachen Kammer mit zwei halbkreisförmigen Dosen im Hochvakuum aufgebaut.

● Die Dosen werden von einem konstanten, homogenen Magnetfeld durchsetzt und zwischen ihnen liegt ein elektrisches Wechselfeld an.

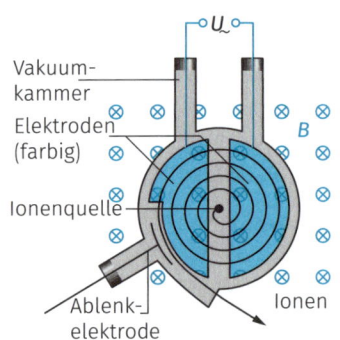

● Die von der Teilchenquelle im Zentrum der Dosen ausgehenden geladenen Teilchen (Ionen) werden vom Magnetfeld auf eine Halbkreisbahn gelenkt (LORENTZ-Kraft), im elektrischen Feld beschleunigt und wieder abgelenkt usw. Während des Aufenthalts der Teilchen in den Dosen werden sie nicht beschleunigt, aber das elektrische Wechselfeld polt um.

● Der Radius r der Halbkreisbahnen steigt dabei mit der Teilchengeschwindigkeit v.
Schließlich werden die Teilchen durch eine Ablenkelektrode aus dem Zyklotron ausgelenkt und können verwendet werden.

● Die **Umlaufdauer** T der Teilchen ist unabhängig vom Radius der Kreisbahn.

$$v = \frac{s}{t} \Rightarrow T = \frac{2\pi r}{v}$$

Für die Teilchengeschwindigkeit gilt dann:

$$q \cdot v \cdot B = \frac{m \cdot v^2}{r} \Rightarrow v = \frac{q \cdot B \cdot r}{m}$$

$$T = \frac{s}{v} = \frac{2 \pi r}{\frac{q \cdot B \cdot r}{m}} = \frac{2 \pi}{B \cdot \frac{q}{m}}$$

Daher kann eine konstante Taktung (**Frequenz f**) des elektrischen Wechselfeldes verwendet werden.

$$f = \frac{1}{T} = \frac{B \cdot q}{2 \pi \cdot m}$$

* Die **kinetische Energie E_{kin}** der beschleunigten Teilchen ist dabei abhängig vom Radius der Teilchenbahn.

$$E_{kin} = \frac{1}{2} \cdot m \cdot v^2 = \frac{1}{2} \cdot m \cdot \left(\frac{q \cdot B \cdot r}{m}\right)^2 = \frac{1}{2} \cdot \frac{q^2 \cdot B^2}{m} \cdot r^2$$

* Bei hohen Geschwindigkeiten treten relativistische Effekte auf und es kommt zu einer Massenzunahme und damit zu einer Veränderung der Umlaufdauer T. Dann ist es nötig, die Frequenz des elektrischen Wechselfeldes anzupassen.
  Man nennt einen solchen Aufbau dann **Synchrozyklotron**.

* Ionen können im Zyklotron auf Energien bis 500 MeV beschleunigt werden, also bis etwa 10 % der Lichtgeschwindigkeit.

Beispielaufgabe: Zyklotron

In einem Zyklotron sollen Protonen auf eine Geschwindigkeit 10 % der Lichtgeschwindigkeit gebracht werden.
Die magnetische Flussdichte beträgt 0,6 T.
Berechnen Sie (nichtrelativistisch) die Frequenz f der beschleunigenden Wechselspannung, den Durchmesser der äußersten Teilchenbahn sowie die erreichte kinetische Energie der Protonen in MeV.

Lösung:
Frequenz der Wechselspannung:

$$f = \frac{B \cdot q}{2 \pi \cdot m} = \frac{0,6\,T \cdot 1,602 \cdot 10^{-19}\,C}{2 \pi \cdot 1,672\,62 \cdot 10^{-27}\,kg} - 9,15\,MHz$$

Durchmesser der Außenbahn:

$$F_L = F_Z \Rightarrow q \cdot v \cdot B = \frac{m \cdot v^2}{r}$$

$$\Rightarrow d = 2r = 2 \cdot \frac{m \cdot v}{q \cdot B} = 2 \cdot \frac{1,672\,62 \cdot 10^{-27}\,kg \cdot 0,1 \cdot 3 \cdot 10^8\,\frac{m}{s}}{1,602 \cdot 10^{-19}\,C \cdot 0,6\,T} = 1,04\,m$$

kinetische Energie der Protonen:

$$E_{kin} = \frac{1}{2} \cdot \frac{q^2 \cdot B^2}{m \cdot r^2} = \frac{1}{2} \cdot \frac{(1,602 \cdot 10^{-19}\,C)^2 \cdot (0,6\,T)^2}{1,672\,62 \cdot 10^{-27}\,kg} \cdot (1,04\,m)^2$$

$$= 7,47 \cdot 10^{-13}\,J = 4,7\,MeV$$

Synchrotron

● Um noch höhere Teilchengeschwindigkeiten zu erreichen, werden elektrische und magnetische Felder in Ringbeschleunigern angeordnet, dem sogenannten **Synchrotron**.
So können die Teilchen die Beschleunigungsstrecke wiederholt durchlaufen, nachdem sie in Linearbeschleunigern vorbeschleunigt wurden.

● Im Ringbeschleuniger werden die Pakete mit geladenen Teilchen grundsätzlich durch **elektrische Felder** (EF) beschleunigt (dort gerade Teilchenbahn) und durch starke **Magneten** (M) abgelenkt, sodass sie in der Bahn bleiben. Für einen festen Radius der Teilchenbahn ist es notwendig, die Felder der Magneten proportional zum Teilchenimpuls zu erhöhen. Durch **Ablenkmagneten** (AM) können die Teilchenpakete dann aus dem Beschleuniger geleitet, auf Ziele geschossen und von Detektoren registriert werden.

Linearbeschleuniger

● In großen Ringbeschleunigern (LHC) können so Teilchengeschwindigkeiten von 99,999 999 1 % der Lichtgeschwindigkeit erreicht werden.

BEWEGUNG GELADENER TEILCHEN IN FELDERN Checkliste

Das sollten Sie jetzt sicher beherrschen:
→ Berechnung von Geschwindigkeiten und Energien von geladenen Teilchen in homogenen elektrischen Feldern (Längs- und Querfeld)
→ Beschreibung der Gegenfeldmethode und Berechnung der Teilchenenergien
→ Berechnung der LORENTZ-Kraft und Bestimmung ihrer Richtung mithilfe der Drei-Finger-Regel
→ Aufbau der Anordnung zur Bestimmung der spezifischen Ladung eines geladenen Teilchens und deren Berechnung (Fadenstrahlrohr)
→ Erklärung des HALL-Effekts, Aufbau einer HALL-Sonde zur Bestimmung magnetischer Flussdichten, Berechnung der HALL-Spannung oder der magnetischen Flussdichte
→ Aufbau und Funktionsweise eines Massenspektrometers und Berechnung der Massen der geladenen Teilchen (auch Radien der Kreisbahnen)
→ Aufbau und Funktionsweise des Linearbeschleunigers, des Zyklotrons und Synchrotons und Berechnung von Teilchenenergien (Geschwindigkeiten) der geladenen Teilchen

ELEKTROMAGNETISCHE INDUKTION

Das Induktionsgesetz

- Wird ein Leiter in einem homogenen Magnetfeld senkrecht zu dessen Feldlinien bewegt, dann wird zwischen den Enden des Leiters eine **Spannung U_i** induziert.
  Auf die Elektronen im Leiter wirkt dabei die LORENTZ-Kraft und sorgt durch die Ablenkung für eine Ladungstrennung im Leiter.
  Die Kraft des dabei entstehenden elektrischen Feldes wirkt der LORENTZ-Kraft entgegen, bis es zu einem **Gleichgewicht** der beiden Kräfte kommt.

- Spannungen werden in einen Leiter immer dann induziert, wenn sich das vom Leiter umfasste Magnetfeld ändert. Das ist immer dann der Fall, wenn:
  - sich die vom Magnetfeld durchsetzte Leiterfläche (wirksame Fläche) ändert oder/und
  - sich die Stärke des Magnetfeldes mit der Zeit ändert (Wechselfeld).

- Ist der Stromkreis des Leiters zusätzlich geschlossen, fließt aufgrund der Induktionsspannung ein **Induktionsstrom I.**

Der magnetische Fluss

- Der Betrag der Induktionsspannung U_i ist abhängig von der **zeitlichen Änderung der wirksamen Fläche** oder/und der **zeitlichen Änderung der magnetischen Flussdichte**.

- Unter der Bedingung, dass die Fläche senkrecht zum Magnetfeld liegt, ist das **Produkt aus magnetischem Fluss B und der wirksamen Fläche A als magnetische Flussdichte Φ definiert**.
  Sie ist ein Maß für die Anzahl der Feldlinien, die die wirksame Fläche senkrecht durchdringen.

  $$\Phi = B \cdot A \qquad [\Phi] = 1\,T \cdot m^2 = 1\,\frac{V \cdot s}{m^2} \cdot m^2 = 1\,V \cdot s = 1\,Wb \;\; (Weber)$$

Das Induktionsgesetz

● In einer Spule mit N Windungen wird eine Spannung U_i induziert, solange sich der magnetische Fluss Φ durch die Spule zeitlich ändert.

Es gilt: $U_i = -N \cdot \dfrac{\Delta\Phi}{\Delta t} = -N \cdot \dfrac{d\Phi}{dt} = -N \cdot \dfrac{d(B \cdot A)}{dt} = -N \cdot \dot\Phi$

● Man unterscheidet die **zwei Sonderfälle:**

– Änderung der wirksamen Fläche im zeitlich **konstanten Magnetfeld:**

$U_i = -N \cdot \dfrac{d(B \cdot A)}{dt} = -N \cdot B \cdot \dfrac{dA}{dt}$ (da gilt: B = konstant)

– zeitlich veränderliches Magnetfeld durchsetzt eine **konstante wirksame Fläche:**

$U_i = -N \cdot \dfrac{d(B \cdot A)}{dt} = -N \cdot A \cdot \dfrac{dB}{dt}$ (da gilt: A = konstant)

Beispielaufgabe: Leiterschleife als Sonderfall

Eine Leiterschleife (Windungszahl $N = 1$) wird mit einer konstanten Geschwindigkeit $v = 50\,\frac{cm}{s}$ in ein homogenes Magnetfeld der Flussdichte 4,5 mT senkrecht zu den Magnetfeldlinien hineinbewegt. Ermitteln Sie den Betrag der induzierten Spannung.

Lösung:

Durch das Hineinbewegen ändert sich die wirksame Fläche, also die Fläche, die vom konstanten Magnetfeld durchsetzt wird.

$U_i = -N \cdot \dfrac{\Delta(B \cdot A)}{\Delta t} = -N \cdot B \cdot \dfrac{\Delta A}{\Delta t}$

Mit der Geschwindigkeit in x-Richtung $v = \frac{\Delta x}{\Delta t}$ $\Rightarrow$ $\Delta x = v \cdot \Delta t$
erhält man für die wirksame Fläche:

$\Delta A = l \cdot b = l \cdot \Delta x = l \cdot v \cdot \Delta t$

Daraus ergibt sich die Induktionsspannung zu:

$U_i = -N \cdot B \cdot \dfrac{\Delta A}{\Delta t} = -N \cdot B \cdot \dfrac{(l \cdot v \cdot \Delta t)}{\Delta t} = -1 \cdot B \cdot \dfrac{(l \cdot v \cdot \Delta t)}{\Delta t} = -B \cdot l \cdot v = U_i$

als **Sonderfall für einen geraden Leiter (Leiterschleife).**

$|U_i| = 4{,}5 \cdot 10^{-3}\,\text{T} \cdot 15\,\text{cm} \cdot 0{,}5\,\frac{m}{s} = 0{,}034\,\text{V} = 34\,\text{mV}$

LEITERSCHLEIFE SCHRÄG IM MAGNETFELD

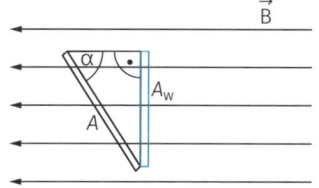

Befindet sich die Leiterschleife nicht senkrecht zu den Feldlinien, sondern schließt sie mit ihnen einen Winkel α ein, so ist die **wirksame Fläche A_w** mit

$A_w = A \cdot \sin(\alpha)$ als **senkrechter Anteil zu den Feldlinien** anzunehmen und kleiner als die Fläche A der Leiterschleife.

Erzeugung einer sinusförmigen Wechselspannung

Rotiert eine Leiterschleife der Fläche A in einem homogenen Magnetfeld der Stärke B gleichförmig, wird in der Leiterschleife eine Spannung induziert.

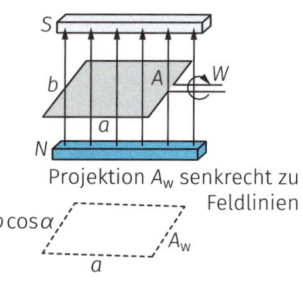

Projektion A_w senkrecht zu Feldlinien

Der Betrag der induzierten Spannung ist dabei abhängig von der Änderung der wirksamen Fläche mit der Zeit, die sich bei der Rotation mit **konstanter Winkelgeschwindigkeit** $w = \frac{\Delta\alpha}{\Delta t}$ ständig ändert.

Mit $\alpha = w \cdot t$ ergibt sich für die Induktionsspannung:

$$U_i = B \cdot \frac{dA}{dt} = B \cdot \frac{d(A \cdot \sin(\alpha))}{dt} = B \cdot \frac{d(A \cdot \sin(wt))}{dt} = B \cdot A \cdot \frac{d(\sin(wt))}{dt}$$

Nach dem Differenzieren ergibt sich:

$$U_i = B \cdot A \cdot w \cdot \cos(wt)$$

Für eine Spule mit N Windungen erhält man bei gleichförmiger Rotation in einem homogenen Magnetfeld folgenden Betrag für die Induktionsspannung:

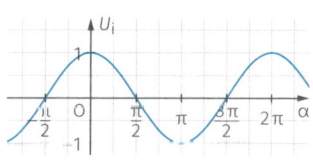

$$U_i = N \cdot B \cdot A \cdot w \cdot \cos(wt) \text{ (Generatorprinzip)}$$

Die LENZ'sche Regel

● Der Induktionsstrom I als Folge der Induktionsspannung U_i ist stets so gerichtet, dass er der Ursache seiner Entstehung entgegenwirkt. Daher gibt es auch das **negative Vorzeichen** im Induktionsgesetz.

$$U_i = -N \cdot \frac{\Delta\Phi}{\Delta t}$$

SONDERFÄLLE DER INDUKTION

Betrachtet man nun die zwei Sonderfälle der Induktion im Zusammenhang mit der Regel von LENZ.

Induktion durch Bewegung im zeitlich konstanten Magnetfeld
In einer Leiterschleife wird mit der Bewegung durch das Magnetfeld die wirksame Fläche verändert und damit eine Spannung induziert. Der hervorgerufene Induktionsstrom ist dann so gerichtet, dass er eine Kraft (Magnetfeld) hervorruft, die der Bewegung der Leiterschleife entgegenwirkt.

Induktion durch ein zeitlich veränderliches Magnetfeld
Bei Verstärkung (Verringerung) der magnetischen Flussdichte durch eine Spule wird dadurch eine Spannung induziert.
Der hervorgerufene Induktionsstrom ist dann so gerichtet, dass er ein zusätzliches Magnetfeld hervorruft, das die Verstärkung (Verringerung) der Flussdichte verhindern soll, also ein Gegenfeld (gleichgerichtetes Feld) zum anliegenden Feld verursacht.

● Ändert sich der magnetische Fluss in einem **flächenhaften Leiter** (Metallkörper), dann wird in diesen Körper eine Spannung induziert. Durch die räumliche Ausdehnung des Körpers können die hervorgerufenen Induktionsströme als Ringströme fließen, als sogenannte **Wirbelströme**.

WIRBELSTRÖME IM ALLTAG

→ Genutzt werden Wirbelströme beispielsweise in Wirbelstrombremsen (Wirken der Bewegung entgegen ⇒ Bremsung), und Induktionsherden (Reibung durch sich bewegende Ladungsträger ⇒ Wärme).

→ Unerwünscht sind Wirbelströme in Transformatoren, Elektromotoren und Generatoren, da sie dort zu großen Energieverlusten führen können.

Die Selbstinduktion

* Eine Stromänderung in einer Spule (allgemein: Leiterkreis) ändert den magnetischen Fluss dieser Spule, woraufhin eine Spannung U_i in die Spule selbst induziert wird. Diese ist nach der LENZ'schen Regel gegen die Stromänderung $\frac{\Delta I}{\Delta t}$ gerichtet und proportional zu dieser.
Dieser Vorgang wird als **Selbstinduktion** bezeichnet.

$$U_i = -L \cdot \frac{\Delta I}{\Delta t} = -L \cdot \dot{I}$$

Der Proportionalitätsfaktor L heißt **Induktivität L der Spule**.

$$[\,L\,] = 1\frac{Vs}{A} = 1\,H \quad \text{(Henry)}$$

Die Induktivität einer Spule gibt an, wie stark die Änderung der Stromstärke in der Spule durch die Selbstinduktion behindert wird.

* Die **Induktivität L** einer Spule ist abhängig von der Geometrie der Spule, also deren Windungszahl N, deren Windungsfläche A, deren Länge l und deren Füllung μ_r (z. B. Eisenkern).

$$L = \mu_0 \cdot \mu_r \cdot N^2 \cdot \frac{A}{l}$$

(μ_0 = magnetische Feldkonstante; μ_r = Permeabilitätszahl)

Beispielaufgabe: Selbstinduktion

Durch eine Spule mit 2500 Windungen fließt eine Strom der Stärke 0,8 A. Die 10 cm lange Spule hat eine Windungsfläche von 9 cm² und enthält einen Eisenkern ($\mu_r = 250$).
Berechnen Sie den Betrag der Induktionsspannung beim Ausschalten, wenn dieser Vorgang 5 ms dauert.

Lösung:

Da sich nur die magnetische Flussdichte B, nicht aber die Spulenfläche A ändert, gilt $U_i = -N \cdot A \cdot \frac{dB}{dt}$.

Mit der magnetischen Flussdichte für eine lange Spule $B = \mu_0 \cdot \mu_r \frac{N \cdot I}{l}$ folgt für die Induktionsspannung:

$$U_i = -N \cdot A \cdot \frac{d\left(\mu_0 \cdot \mu_r \frac{N \cdot I}{l}\right)}{dt} = -\mu_0 \cdot \mu_r \cdot \frac{N^2 \cdot A}{l} \cdot \frac{dI}{dt} = -L \cdot \frac{dI}{dt}$$

Für die Induktionsspannung ergibt sich:

$$U_i = -L \cdot \frac{dI}{dt} = 4\pi \cdot 10^{-7}\frac{Vs}{Am} \cdot 250 \cdot \frac{2500^2 \cdot 9 \cdot 10^{-4}\,m^2}{0,1\,m} \cdot \frac{0,8\,A}{5 \cdot 10^{-3}\,s} = 2,5\,V$$

Ein- und Ausschaltvorgang bei einer Spule

In einem Stromkreis mit einer Spule erzeugt die Selbstinduktion einen charakteristischen Verlauf der Stromstärke und der Spannung beim Schließen und Öffnen des Schalters S.

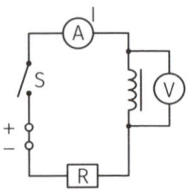

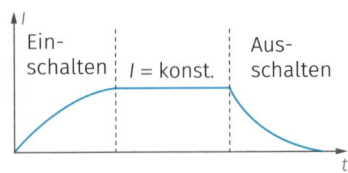

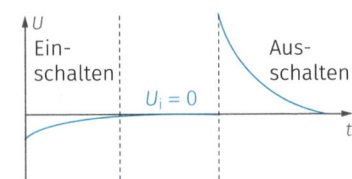

* Schließt man den Schalter S, so nimmt der magnetische Fluss in der Spule durch den steigenden Strom zu. Die Induktionsspannung verzögert diesen Vorgang (Regel von LENZ) und die Stromstärke erreicht erst allmählich ihr Maximum.

* Öffnet man den Schalter S, so ändert sich der magnetische Fluss in einer sehr kurzen Zeit sehr stark. Daher können kurzzeitig sehr hohe Induktionsspannungen entstehen. Die Induktionsspannung verzögert die Abnahme des magnetischen Flusses und die Stromstärke sinkt, verstärkt durch den Induktionsstrom, allmählich auf null.

ANWENDUNGEN IM ALLTAG

Die kurzzeitig hohen Spannungen beim Ausschaltvorgang werden beispielsweise bei Zündspulen von Fahrzeugen oder zum Zünden von Glimm- oder Leuchtstofflampen eingesetzt.

* Im Magnetfeld einer mit der Stromstärke I durchflossenen Spule mit Induktivität L ist die **Energie E** gespeichert.

$$E = \frac{1}{2} \cdot L \cdot I^2$$

* Sind die Windungen einer Spule gleichmäßig auf den gesamten geschlossenen Kern aufgebracht, dann ist die Energie des Feldes gleichmäßig verteilt und es kann eine Energiedichte ρ_{mag} des magnetischen Feldes B angegeben werden.

$$\rho_{mag} = \frac{B^2}{2 \cdot \mu_0 \cdot \mu_r}$$

Beispielaufgabe: Energie und Energiedichte Magnetfeld

Eine Spule der Länge 10 cm, mit 250 Wicklungen und einer Windungsfläche von 12 cm² wird von einem Strom der Stärke 5 A durchflossen.
Ermitteln Sie die magnetische Feldenergie der Spule und ihre magnetische Energiedichte.

Lösung:
Die Induktivität der Spule ergibt sich zu:

$$L = \mu_0 \cdot \mu_r \cdot N^2 \cdot \frac{A}{l} = 4\pi \cdot 10^{-7}\frac{Vs}{Am} \cdot 1 \cdot 250^2 \cdot \frac{12 \cdot 10^{-4}\,m^2}{0,1\,m} = 0,94\,mH$$

Die magnetische Feldenergie:

$$E = \frac{1}{2} \cdot L \cdot I^2 = \frac{1}{2} \cdot 0,94 \cdot 10^{-3}\,H \cdot (5\,A)^2 = 11,8\,mJ$$

und mit der magnetischen Flussdichte:

$$B = \mu_0 \cdot \mu_r \frac{N \cdot I}{l} = 4\pi \cdot 10^{-7}\frac{Vs}{Am} \cdot 1 \cdot \frac{250 \cdot 5\,A}{0,1\,m} = 15,7\,mT$$

die magnetische Felddichte:

$$\rho_{mag} = \frac{B^2}{2 \cdot \mu_0 \cdot \mu_r} = \frac{(15,7 \cdot 10^{-3}\,T)^2}{2 \cdot 4\pi \cdot 10^{-7}\frac{Vs}{Am} \cdot 1} = 98\,\frac{J}{m^3}$$

ELEKTROMAGNETISCHE INDUKTION   Checkliste

Das sollten Sie jetzt sicher beherrschen:
→ der magnetische Fluss als Produkt von magnetischer Flussdichte und wirksamer Fläche
→ die Voraussetzungen für Induktion, das Induktionsgesetz und die Berechnung der Induktionsspannung
→ der Sonderfall für die Berechnung der Induktionsspannung in einem geraden, stromdurchflossenen Leiter
→ die Erzeugung einer sinusförmigen Wechselspannung (Generatorprinzip)
→ die LENZ'sche Regel und die Erzeugung von Wirbelströmen
→ die Induktivität einer Spule als geometrieabhängige Größe und deren Bedeutung
→ der Vorgang der Selbstinduktion und die Berechnung der zugehörigen Induktionsspannung
→ Prozesse beim Ein- und Ausschalten bei einer Spule und die zugehörigen $I(t)$- und $U(t)$-Diagramme
→ die gespeicherte Energie in einem magnetischen Feld einer Spule und deren Energiedichte

ELEKTROMAGNETISCHE SCHWINGUNGEN UND WELLEN

Elektromagnetische Schwingungen

Erzeugung elektromagnetischer Schwingungen

* Eine geeignete Anordnung zur Erzeugung elektromagnetischer Schwingungen ist eine Schaltung aus einer Spule mit der Induktivität L und einem Kondensator mit der Kapazität C. Diese Anordnung wird als **elektrischer Schwingkreis** bezeichnet.

* Der Kondensator wird über eine Spannungsquelle mit einer Spannung U_0 aufgeladen (Schalterstellung 1).

* In einem Schwingkreis wandeln sich die **elektrische Feldenergie** des Kondensators und die **magnetische Feldenergie** der Spule periodisch ineinander um. **Ungedämpfte Schwingungen** (sinusförmig) können nur entstehen, wenn die OHM'schen Widerstände aller Bauteile vernachlässigt werden. Die **Gesamtenergie E_{ges}** des Systems bleibt dann konstant.

* Bei der Schalterstellung 2 zum Zeitpunkt $t = 0$, entlädt sich zunächst der Kondensator über die Spule.

Folgende physikalischen Prozesse laufen während eines vollständigen Ent- und Aufladeprozess im Schwingkreis während einer **Schwingungsperiode T** ab.

* **$t = 0$:**   Der Kondensator ist vollständig geladen, kein Stromfluss durch die Spule, die Gesamtenergie ist im elektrischen Feld des Kondensators gespeichert,

  $E_{ges} = E_{el}$ ($\rightarrow$ Abbildung a auf Seite 67).

* $0 < t < \frac{T}{4}$: Der Kondensator entlädt sich, die Stromstärke durch die Spule steigt durch die Selbstinduktion nur allmählich an und ein magnetisches Feld baut sich auf, die elektrische Feldenergie wandelt sich in magnetische Feldenergie um.

* $t = \frac{T}{4}$: Der Kondensator ist vollständig entladen, maximaler Stromfluss durch die Spule, die Gesamtenergie ist im magnetischen Feld der Spule gespeichert
  $E_{ges} = E_{mag}$ (→ Abbildung b).

* $\frac{T}{4} < t < \frac{T}{2}$: Die Induktivität der Spule bewirkt ein Weiterfließen des Stroms über den Ladungsausgleich hinaus, der Kondensator wird umgedreht gepolt geladen, die Stromstärke durch die Spule nimmt durch die Selbstinduktion nur allmählich ab und das magnetische Feld baut sich ab, die magnetische Feldenergie wandelt sich wieder in elektrische Feldenergie um.

* $t = \frac{T}{2}$: Der Kondensator ist vollständig entgegengesetzt geladen, kein Stromfluss durch die Spule, die Gesamtenergie ist wieder im elektrischen Feld des Kondensators gespeichert
  $E_{ges} = E_{el}$ (→ Abbildung c).

* $\frac{T}{2} < t < T$: Die Prozesse wiederholen sich mit umgekehrter Stromrichtung.

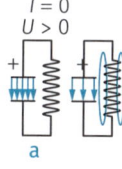
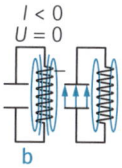
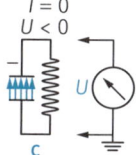

a   b   c

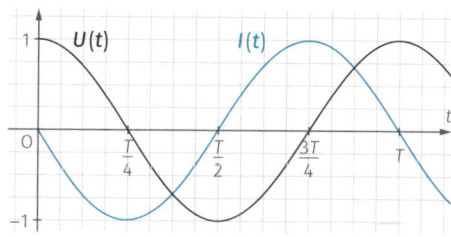

* Unter der Bedingung, dass alle OHM'schen Widerstände im Schwingkreis vernachlässigt werden, sind die **Schwingungsperiode T** und die **Eigenfrequenz f_E** des elektrischen Schwingkreises nur abhängig von der Induktivität I der Spule und der Kapazität C des Kondensators.

$T = 2\pi\sqrt{L \cdot C}$ (**THOMSON'sche Schwingungsgleichung**)

$f_E = \frac{1}{T} = \frac{1}{2\pi\sqrt{L \cdot C}}$

GEDÄMPFTER SCHWINGKREIS

Wenn der OHM'sche Widerstand R im Schwingkreis berücksichtigt wird, dann ergibt sich eine Verkleinerung der Frequenz f und damit eine Vergrößerung der Schwingungsperiode T.
Die elektromagnetische Schwingung läuft dann **gedämpft** ab, da die elektrische Energie in innere Energie umgewandelt wird.
Für die Eigenfrequenz des Schwingkreises gilt dann:

$$f_E = \frac{1}{2\pi} \cdot \sqrt{\frac{1}{L \cdot C} - \frac{R^2}{4L^2}}$$

Beispielaufgabe: Elektromagnetische Schwingung

Ein nahezu verlustfreier Schwingkreis erzeugt eine elektromagnetische Schwingung der Frequenz 800 Hz. Die Spule im Schwingkreis hat eine Induktivität von 0,5 H.
Ermitteln Sie, welche Kapazität der Kondensator im Schwingkreis haben muss und wie sich diese verändert, wenn man eine Schwingung mit doppelter Frequenz generieren soll.

Lösung:
Für die Kapazität C_1 gilt:

$$f_{E_1} = \frac{1}{2\pi\sqrt{L \cdot C_1}}$$

$$\Rightarrow C_1 = \frac{1}{4\pi^2 \cdot f_{E_1}^2 \cdot L} = \frac{1}{4\pi^2 \cdot (800\,\text{Hz})^2 \cdot 0,5\,\text{H}}$$

$$= 7,9 \cdot 10^{-8}\,\text{F} = 79\,\text{nF}$$

und für C_2 gilt wegen $C \sim \frac{1}{f^2}$:

$$C_2 = \frac{1}{4} \cdot C_1 = \frac{1}{4} \cdot 79\,\text{nF} = 19,8\,\text{nF}$$

SCHWINGKREISSPULE MIT EISENKERN

Das **Einbringen eines Eisenkerns** in die Spule des Schwingkreises erhöht wegen $L = \mu_0 \cdot \mu_r \cdot N^2 \cdot \frac{A}{l}$ die Induktivität L der Spule, erhöht aufgrund des Zusammenhangs $T = 2\pi\sqrt{L \cdot C}$ die Schwingungsperiode T und verringert so die Eigenfrequenz f_E der erzeugten Schwingung.

Erzeugung ungedämpfter Schwingungen

🖝 In einem realen Schwingkreis kommt die elektromagnetische Schwingung durch die vorhandenen OHM'schen Widerstände bei einmaliger Anregung sehr schnell zum Erliegen (**gedämpfte Schwingung**).

🖝 Um eine ungedämpfte Schwingung zu erhalten, muss dem Schwingkreis im zeitlichen Mittel so viel Energie **im Takt der Schwingung** zugeführt werden, wie in innere Energie umgewandelt wird (**erzwungene Schwingung**).

🖝 Man kann z.B. in einem Schwingkreis eine Schwingung von außen erzwingen, wenn man ihn an eine Wechselspannung der Frequenz f anschließt (Erreger, Generator).
Das System schwingt dann nicht mit seiner Eigenfrequenz f_E, sondern mit der Frequenz f der Wechselspannungsquelle.

🖝 Für den Fall, dass die Erregerfrequenz f genauso groß ist, wie die Eigenfrequenz f_E des Systems $(f_E = f)$, wird das Maximum der Amplitude erreicht (energetisch am günstigsten).
In diesem Fall liegt **Resonanz** vor.

🖝 Die periodische Energiezufuhr im richtigen Takt, wird bei Schwingkreisen durch **Rückkopplung** erreicht.

🖝 Die bekannteste Rückkopplungsschaltung ist die **MEISSNER'sche Rückkopplungsschaltung**.
Neben dem eigentlichen Schwingkreis ist nun noch eine **zweite Spule** an die Schwingkreisspule gekoppelt (Trafo). Die erzeugte Induktionsspannung U_i läuft **gleichphasig** (im gleichen Takt) zu der Generatorspannung U.

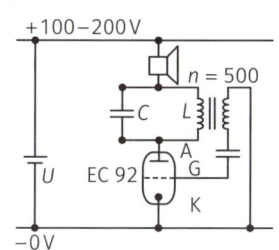

🖝 Außerdem befindet sich eine **Triode** EC 92 (Elektronenröhre) zur Selbststeuerung des Systems im Schwingkreis, die mit der Induktionsspannung U_i versorgt und so gesteuert wird.
In der **Triode** sendet die Glühkathode K Elektronen.
Die Anzahl der Elektronen, die im Anschluss die Anode A erreichen, lässt sich durch die Steuerspannung U_i regeln, in dem man das Gitter G unterschiedlich stark auflädt.
Die angekommenen Elektronen fließen über den Schwingkreis zurück in den Kreis und führen dem System so Energie zu.

EINSATZ EINES TRANSISTORS

Die Triode kann in der **MEISSNER'schen Rückkopplungsschaltung** durch den später erfundenen Transistor ersetzt werden.

Die Elektronen werden mit dem Emitter E ausgesandt und vom Kollektor K aufgefangen. Die Stromstärke zwischen Emitter und Kollektor kann mit der Basis B gesteuert werden.

Beispielaufgabe: Strom und Spannung im Schwingkreis

Ein idealer Schwingkreis, bestehend aus einer Induktivität $L = 4,0\,\mu H$ und der Kapazität $C = 52\,pF$, schwingt ungedämpft.
Zum Zeitpunkt $t = 0$ ist der Kondensator vollständig aufgeladen und die Spannung beträgt dann 15 V.

a) Berechnen Sie die Schwingungsperiode T.

b) Ermitteln Sie den nächsten Zeitpunkt t_1 nach $t = 0$, zu dem der Kondensator das nächste Mal vollständig entladen ist und bestimmen Sie die Stromstärke I_{max} zu diesem Zeitpunkt im Schwingkreis.
Skizzieren Sie den zeitlichen Verlauf von Strom und Spannung innerhalb einer Schwingungsperiode.

Lösung:

a) $T = 2\,\pi\sqrt{L \cdot C} = 2\,\pi\sqrt{4,0 \cdot 10^{-6}\,H \cdot 52 \cdot 10^{-12}\,F} = 9,1 \cdot 10^{-8}\,s$

b) Die Gesamtenergie des Systems liegt zum Zeitpunkt $t = 0$ vollständig als elektrische Energie am Kondensator und zum Zeitpunkt t_1 als magnetische Energie der Spule vor.

Es gilt: $\frac{1}{2} \cdot L \cdot I^2 = \frac{1}{2} \cdot C \cdot U^2$

$\Rightarrow I_{max} = U_{max} \cdot \sqrt{\dfrac{C}{L}} = 15\,V \cdot \sqrt{\dfrac{52 \cdot 10^{-12}\,F}{4,0 \cdot 10^{-6}\,H}} = 54\,mA$

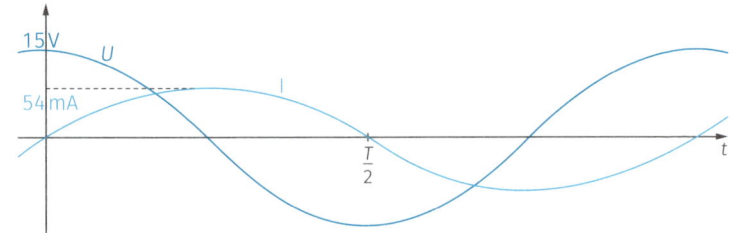

ZEITABHÄNGIGE GRÖSSEN EINER SCHWINGUNG

Bei ungedämpften elektromagnetischen Schwingungen ändern sich die Kondensatorladung $Q(t)$, die Spulenstromstärke $I(t)$ und die Spannung $U(t)$ an Kondensator und Spule jeweils sinusförmig mit der Zeit.

Es gilt:

$$Q(t) = Q_0 \cdot \sin(wt); \quad I(t) = I_0 \cdot \sin(wt); \quad U(t) = U_0 \cdot \sin(wt)$$

mit $w = \dfrac{1}{\sqrt{L \cdot C}} = 2\pi f$, $I_0 = \dfrac{Q_0}{\sqrt{L \cdot C}}$ und $U_0 = \dfrac{Q_0}{C}$,

falls die Stromstärke zum Zeitpunkt $t = 0$ maximal ist.

Elektromagnetische Wellen

Elektromagnetische Felder

* Elektrische und magnetische Felder können sich gegenseitig induzieren. Ein zeitlich veränderliches elektrisches Feld ist untrennbar mit einem magnetischen Feld verbunden und umgekehrt (**elektromagnetisches Feld**).

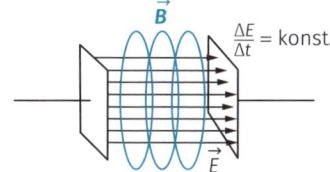
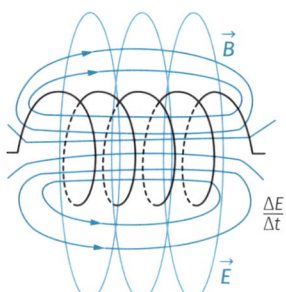

* Wenn die Änderung des elektrischen (oder magnetischen) Feldes nicht zeitlich konstant ist, dann erzeugt sie ein magnetisches (oder elektrisches) Feld mit ebenfalls veränderlicher Feldstärke. Dieses Feld erzeugt dann seinerseits ein neues magnetisches Feld usw.
Auf diese Weise wird eine **Kette von Folgeinduktionen** hervorgerufen. Die elektrischen und magnetischen Felder (in Metallstäben) breiten sich im Raum aus und eine **elektromagnetische Welle** entsteht.
Wenn Ladungsträger beschleunigt oder abgebremst werden, entstehen elektromagnetische Felder (elektromagnetische Wellen), die sich im Raum ausbreiten.

Abstrahlung elektromagnetischer Wellen – Dipol

- Um **sehr hochfrequente elektromagnetische Schwingungen** in einer Rückkopplungsschaltung zu erhalten, wird die Kapazität des Kondensators verringert (Verringern der Plattenfläche und Erhöhen des Plattenabstands) und die Schwingkreisspule auf eine Leiterschleife mit kleiner Induktivität reduziert und zu einem geraden Leiter „aufgebogen".

  Man erhält einen **offenen Schwingkreis**, der als **Hertz'scher Dipol** bezeichnet wird.

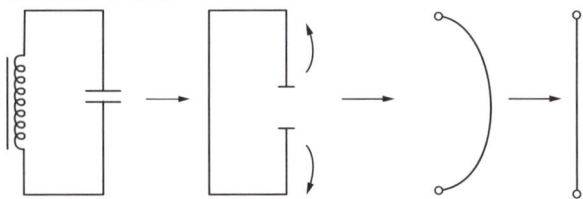

- Im Dipol werden Elektronen beschleunigt und gebremst, wie in der Abbildung (in Analogie zum geschlossenen Schwingkreis mit einer Windung) während einer Schwingungsperiode dargestellt.

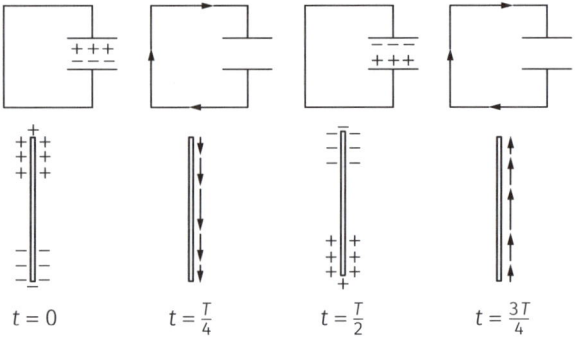

- An den Enden des Dipols ist die Stromstärke null und die Spannung zwischen den Enden maximal.

  In der Dipolmitte ist die Stromstärke maximal und die Spannung ist null.

  Daraus ergibt sich die charakteristische Verteilung von Stromstärke und Spannung am Dipol.

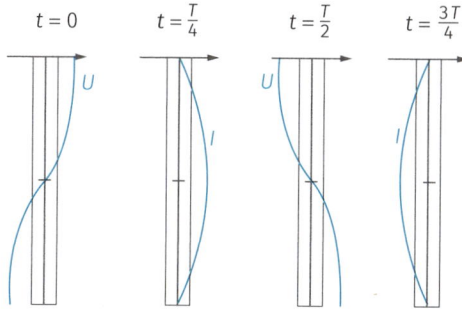

● Wegen der Erhöhung der Frequenz sind das elektrische und magnetische Feld nicht mehr getrennt, sondern bilden sich beide um den Dipol herum und breiten sich von dort aus mit der Lichtgeschwindigkeit c als **elektromagnetische Welle** mit der Frequenz f in den Raum aus.

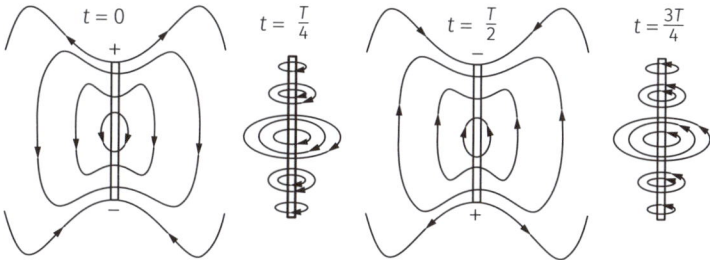

● Die Feldvektoren des elektrischen und des magnetischen Feldes stehen in jedem Raumpunkt aufeinander senkrecht und senkrecht zur Ausbreitungsrichtung.

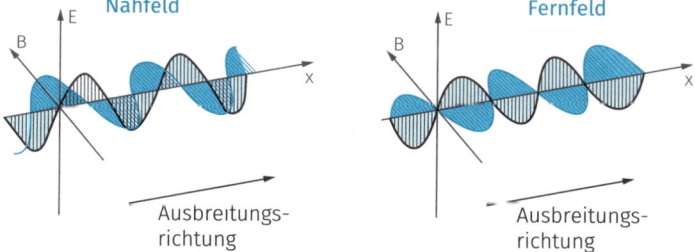

Im Nahfeld sind die beiden Felder phasenverschoben, im Fernfeld schwingen sie gleichphasig.

- Elektromagnetische Wellen sind also die Ausbreitung elektromagnetischer Schwingung im Raum.
  Sie sind **Transversalwellen** und ihre Ausbreitungsgeschwindigkeit c ist abhängig von der Wellenlänge λ und ihrer Anregungsfrequenz f.
  $c = \lambda \cdot f$
  Für das Vakuum und näherungsweise für Luft gilt: $c = \dfrac{1}{\sqrt{\varepsilon_0 \cdot \mu_0}}$.

- Eine elektromagnetische Welle kann an einer ebenen Metallplatte reflektiert werden, wenn sie senkrecht auf deren Oberfläche trifft. Dabei tritt ein Phasensprung von π auf.
  Die hin- und die rücklaufende Welle überlagern sich zu einer **stehenden Welle**.
  Der Abstand zweier Minima (bzw. Maxima) beträgt dabei $\frac{\lambda}{2}$.

WELLENLÄNGENMESSUNG

Die Intensität der stehenden Welle ist in Schwingungsknoten null und in Schwingungsbäuchen maximal.

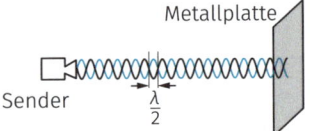

Daher kann man stehende Wellen sehr gut zur Bestimmung der Wellenlänge λ benutzen und daraus die Frequenz f und die Ausbreitungsgeschwindigkeit c ermitteln, indem man einen Empfänger zwischen Metallplatte und Sender hin und her bewegt und die Signale misst.

SCHWINGUNGSZUSTÄNDE AM DIPOL

Bei der Anregung eines Sendedipols bildet sich eine stehende Welle aus, wenn die **Länge l des Dipols gleich der halben Wellenlänge $\frac{\lambda}{2}$** ist.

Erhöht man die Energiezufuhr an den Sendedipol, kann der Dipol der Länge l auch zu **Oberschwingungen** angeregt werden. Es gilt:

1. Oberschwingung: $\quad \lambda_1 = l$

2. Oberschwingung: $\quad \lambda_2 = \frac{2}{3} \cdot l$

n-te Oberschwingung: $\quad \lambda_n = \frac{2}{n+1} \cdot l \quad (n \in \mathbb{N})$

Beispielaufgabe: Elektromagnetische Wellen

Ein Sendedipol hat eine Länge von 55 cm.
Ermitteln Sie, welche Wellenlänge und Frequenz die abgestrahlten elektromagnetischen Wellen besitzen.

Lösung:

Mit $l = \frac{\lambda}{2}$ und $\lambda = 2\,l$ ergibt sich:

$\lambda = 2 \cdot 0{,}55\,\text{m} = 1{,}10\,\text{m}$

$f = \frac{c}{\lambda} = \frac{3 \cdot 10^8\,\frac{m}{s}}{1{,}10\,\text{m}} = 2{,}7 \cdot 10^8\,\text{Hz} = 272\,\text{MHz}$

Beispielaufgabe: Stehende Wellen

In einem Experiment wurde ermittelt, dass der Abstand zwischen dem ersten und dem vierten Intensitätsminimum bei Mikrowellenstrahlung (elektromagnetische Strahlung mit einer Frequenz von 2 bis 300 GHz) der Frequenz 5,4 GHz genau 8,4 cm beträgt.
Ermitteln Sie die Wellenlänge und die Ausbreitungsgeschwindigkeit dieser Welle.

Lösung:

Der Abstand von 8,4 cm entspricht einer Länge von $3 \cdot \frac{\lambda}{2}$ und daraus ergibt sich:

$\lambda = 8{,}4\,\text{cm} \cdot \frac{2}{3} = 5{,}6\,\text{cm}$

Für die Ausbreitungsgeschwindigkeit ergibt sich:

$c = \lambda \cdot f = 5{,}6 \cdot 10^{-2}\,\text{m} \cdot 5{,}4 \cdot 10^9\,\text{Hz} = 3{,}0 \cdot 10^8\,\frac{m}{s}$

- Die elektromagnetischen Schwingungen regen Ladungsträger in einem baugleichen, parallel zum Sender stehenden Dipol an (**Empfänger E**), die dann die gleichen Schwingungen ausführen.

- Elektromagnetische Wellen transportieren **Energie**.

Eigenschaften elektromagnetischer Wellen

HUYGENS'sches Prinzip

* Jeder Punkt einer Wellenfront kann als Ausgangspunkt von Elementarwellen betrachtet werden, die in ihrer Geschwindigkeit und ihrer Wellenlänge mit der ursprünglichen Welle übereinstimmen.

* Die neue Wellenfront entsteht durch die Überlagerung dieser Elementarwellen.

Reflexion

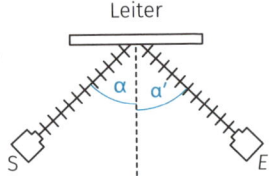

Leiter

* Elektromagnetische Wellen eines Senders S werden an metallischen Leitern reflektiert.
  Es gilt das **Reflexionsgesetz:** $\alpha = \alpha'$.

Brechung

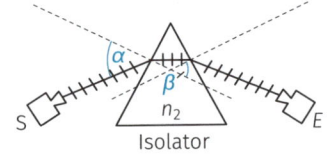

Isolator

* Elektromagnetische Wellen eines Senders S werden beim Übergang von einem Isolator in einem anderen **gebrochen**, sie ändern ihre Ausbreitungsrichtung.
  Die Richtungsänderung, beschrieben durch den Winkel β, ist dabei abhängig von den Brechungsindizes der beiden Isolatoren n_1 und n_2 und dem Einfallswinkel α.

  Es gilt das **Brechungsgesetz:** $\dfrac{\sin(\alpha)}{\sin(\beta)} = \dfrac{n_2}{n_1}$.

* Übersteigt der Einfallswinkel α einen bestimmten Wert (Grenzwinkel der Totalreflexion), dann tritt die Welle an der Grenzfläche nicht in den anderen Isolator über, sondern wird dort vollständig reflektiert (**Totalreflexion**).

Beugung

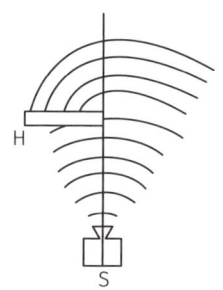

* Elektromagnetische Wellen eines Senders S können an Hindernissen H **gebeugt** werden und sich so auch in die Schattenräume dahinter ausbreiten.

* Bei Spaltbreiten in der Größenordnung der Wellenlänge der elektromagnetischen Welle oder kleiner tritt hinter einem Einfachspalt auch Beugung auf.

Interferenz

* Elektromagnetische Wellen können sich auch überlagern, beispielsweise hinter einem Doppelspalt oder die Wellen zweier (oder mehrerer) Sendedipole. Die resultierende Welle entsteht dabei durch Addition der Ausgangswellen (**Interferenz**). Dadurch kommt es zu typischen Interferenzerscheinungen wie Verstärkung und Abschwächung .

Zwei **kohärente Wellen** (Wellen mit gleicher Geschwindigkeit und Frequenz; haben eine feste Phasendifferenz) mit einem **Gangunterschied Δs** (Wegunterschied der Wellen) überlagern sich.

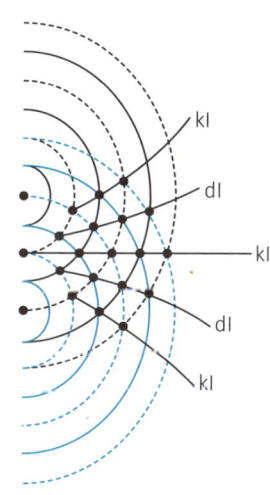

* Die maximale Verstärkung dieser beiden Wellen wird als **konstruktive Interferenz (kI)** bezeichnet und an den Orten konstruktiver Interferenz trifft ein Wellenberg (Wellental) auf einen Wellenberg (ein Wellental). Diese Maxima k-ter Ordnung finden sich immer an den Orten, für die gilt:
$\Delta s = k \cdot \lambda$ $(k \in \mathbb{Z})$.

* Die maximale Abschwächung dieser beiden Wellen, also die Auslöschung, wird als **destruktive Interferenz (dI)** bezeichnet und an den Orten destruktiver Interferenz trifft ein Wellenberg auf ein Wellental. Diese Minima k-ter Ordnung finden sich immer an den Orten, für die gilt:
$\Delta s = (2k + 1) \cdot \frac{\lambda}{2}$ $(k \in \mathbb{Z})$.

Polarisation

- Elektromagnetische Wellen können, beispielsweise durch ein Gitter, polarisiert werden. Das heißt: Die Feldvektoren der Welle schwingen hinter dem Gitter nur noch in einer Richtung.

- Ist die Schwingungsrichtung der elektrischen Feldstärke $\vec{E}$ **senkrecht zu den Gitterstäben**, passiert die Welle fast ungehindert das Gitter.

- Ist die Schwingungsrichtung **parallel zu den Gitterstäben**, kann die Welle das Gitter nicht passieren.

Licht als elektromagnetische Welle

- Licht zeigt die üblichen **Eigenschaften elektromagnetischer Wellen** (Reflexion, Beugung, Brechung, Interferenz, Ausbreitungsgeschwindigkeit) auf.
- Das sichtbare Licht stellt nur einen kleinen Teil des Spektrums elektromagnetischer Wellen dar.

Interferenz am Doppelspalt

- Fällt kohärentes, monochromatisches (Licht von nur einer Wellenlänge) und paralleles Licht der Wellenlänge λ einer Lichtquelle senkrecht auf einen Doppelspalt mit Spaltabstand b, entsteht auf einem Schirm im Abstand e vom Doppelspalt ein **stabiles Interferenzmuster** mit hellen (konstruktive Interferenz) und dunklen Streifen (destruktive Interferenz).

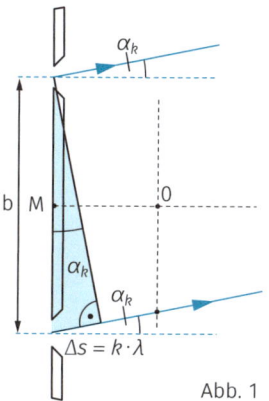
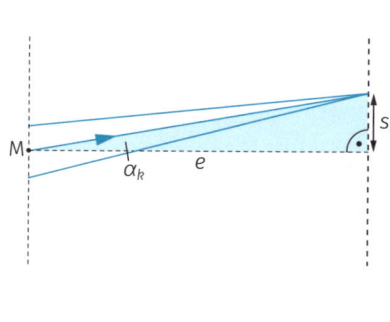

Abb. 1   Abb. 2

- Da der Abstand e des Doppelspalts vom Schirm sehr groß ist gegen den Spaltabstand b **($e \gg b$)**, können die Wellen als parallel verlaufend und das Dreieck (Abb. 1) als rechtwinklig angesehen werden.
  Im Dreieck gilt die geometrische Beziehung:

  $\sin(\alpha_k) = \dfrac{\Delta s}{b} = \dfrac{k \cdot \lambda}{b}$ (für konstruktive Interferenz)

- Für das rechtwinklige Dreieck in Abb. 2 gilt die Beziehung:

  $\tan(\alpha_k) = \dfrac{s_k}{e}$.

- Da **($e \gg b$)** gilt, hat der Winkel $\boldsymbol{\alpha_k}$ einen sehr kleinen Wert und es gilt die Näherung $\sin(\alpha_k) \approx \tan(\alpha_k)$. Es ergibt sich somit:

  $\dfrac{k \cdot \lambda}{b} = \dfrac{s_k}{e} = \sin(\alpha_k)$.

OPTISCHE GITTER

Verwendet man anstatt eines Doppelspaltes eine Anordnung von vielen Spalten mit jeweils gleichem Abstand, dann erhält man ein **optisches Gitter**.

Bei Interferenz an einem optischen Gitter erhält man die Gitterkonstante b durch den **Kehrwert der Spaltanzahl pro Längeneinheit**, also beispielsweise:

500 je Millimeter $\Rightarrow b = \dfrac{1}{500}$ mm $= 2\,\mu$m.

Beispielaufgabe: Interferenz am optischen Gitter

Ein optisches Gitter mit 50 Strichen pro Millimeter wird mit einfarbigem Licht beleuchtet. Auf einem 0,75 m entfernten Schirm haben die Maxima 1. Ordnung einen Abstand von 5,6 cm voneinander. Ermitteln Sie die Wellenlänge des verwendeten Lichts.

Lösung:

Gitterkonstante: $b = \frac{1}{50}$ mm $= 0,02$ mm

Aus $\frac{k \cdot \lambda}{b} = \frac{s_k}{e}$ ergibt sich mit $k = 1$ durch Umstellung:

$\lambda = b \cdot \frac{s_k}{e} = 0,02 \cdot 10^{-3}$ m $\cdot \frac{2,8\,\text{cm}}{75\,\text{cm}} = 747$ nm

INTERFERENZ AN KRISTALLEN

Bei der Wellenlängenmessung von kurzwelliger Röntgenstrahlung versagen optische Gitter aufgrund der kleinen Wellenlänge der Strahlung.

Man kann die Wellenlänge jedoch mithilfe von Kristallen bestimmen, da deren regelmäßig angeordneten Atome Streuzentren für diese Strahlung darstellen.

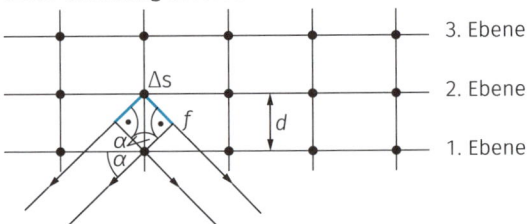

Die reflektierten Teilwellen der vielen hintereinanderliegenden „Ebenen" interferieren und die Gesamtamplitude wird dann maximal, wenn alle Teilwellen gleichphasig sind.

Der Gangunterschied zwischen Teilwellen benachbarter „Ebenen" beträgt $\Delta s = 2d \cdot \sin(\alpha)$.

Mit $\Delta s = k \cdot \lambda$ für konstruktive Interferenz k-ter Ordnung ergibt sich für die Bedingung für Maxima der Reflexion:

$2d \cdot \sin(\alpha_k) = k \cdot \lambda$ ($k \in \mathbb{N}$), die sogenannte BRAGG-Beziehung.

ELEKTROMAGNETISCHE SCHWINGUNGEN UND WELLEN
Checkliste

Das sollten Sie jetzt sicher beherrschen:

→ die Vorgänge zur Erzeugung elektromagnetischer Schwingungen mit einem Schwingkreis mit einer Spule und einem Kondensator

→ die Energieumwandlungen, die Strom- und Spannungsverläufe im Schwingkreis während einer Schwingungsperiode

→ die Berechnung der Schwingungsperiode mithilfe der THOMSON'-schen Schwingungsgleichung

→ der Aufbau einer MEISSNER'schen Rückkopplungsschaltung und die Erzeugung ungedämpfter Schwingungen, auch im Resonanzfall

→ der Begriff des elektromagnetischen Feldes und die wechselseitige Induktion der Felder bei zeitlichen Änderungen

→ der Aufbau eines HERTZ'schen Dipols und die Erzeugung hochfrequenter elektromagnetischer Schwingungen

→ die charakteristischen Stromstärke- und Spannungsverteilungen im Dipol während einer Schwingungsperiode und die Geometrie der zugehörigen Felder

→ die elektromagnetische Welle als Ausbreitung einer elektromagnetischen Schwingung im Raum

→ die Berechnung der Frequenz einer elektromagnetischen Welle über ihre Ausbreitungsgeschwindigkeit

→ das Senden und Empfangen elektromagnetischer Wellen; Ausbildung stehender elektromagnetischer Wellen und deren Eigenschaften

→ das HUYGENS'sche Prinzip und das Verhalten von elektromagnetischen Wellen, wie Reflexion, Brechung, Beugung, Polarisation und Interferenz

→ Licht als elektromagnetische Welle und dessen Eigenschaften. Interferenz am Doppelspalt und die Berechnung von Wellenlänge, Lage der Interferenzstreifen oder Geometrie der Doppelspaltanordnung

→ Reflexion von Röntgenstrahlung an Kristallen und Berechnung der Maxima der Teilwellen mithilfe der BRAGG-Beziehung

WÄRMELEHRE

Ideale Gase

● Der **Zustand eines Gases** wird durch die Angabe seines **Volumens V** ($[V] = 1\,m^3$), seiner **absoluten Temperatur T** ($[T] = 1\,K$) und seines **Druckes p** ($[p] = 1\,bar = 10^5\,Pa$) bestimmt.

● Die **absolute Temperatur ist** eine Temperaturskala, die sich auf den physikalisch begründeten **absoluten Nullpunkt** (tiefstmögliche Temperatur) bei $-273,15\,°C = 0\,K$ (Kelvin) bezieht ($0\,°C = 273,15\,K$). Bei allen Rechnungen muss die Temperatur in der Einheit Kelvin benutzt werden.

● Für eine abgeschlossene Gasmenge eines idealen Gases gilt bei beliebigen Zustandsänderungen (Änderung von Zustand 1 auf Zustand 2) die **allgemeine Gasgleichung**:

$$\frac{p_1 \cdot V_1}{T_1} = \frac{p_2 \cdot V_2}{T_2} = \frac{p_0 \cdot V_0}{T_0} \quad \text{also} \quad \frac{p \cdot V}{T} = \textbf{konstant}$$

Dabei sind $p_0 = 1,013 \cdot 10^5\,Pa$ der mittlere Luftdruck auf Meereshöhe und $T_0 = 273,15\,K = 0\,°C$ die sogenannten „**Normalbedingungen**". V_0 ist dabei das entsprechende Volumen.

● Das **Molvolumen aller idealen Gase** unter Normalbedingungen beträgt **$V_m = 22,414\,\frac{l}{mol}$**.

● Die Anzahl der in 1 mol eines Stoffes enthaltenen Teilchen bezeichnet man als **Avogadro-Konstante: $N_A = 6,022 \cdot 10^{23}\,\frac{1}{mol}$**.

Besondere Zustandsänderungen ergeben sich, wenn jeweils eine der drei Zustandsgrößen konstant bleibt:

1. Isobare Prozesse

Prozesse, bei denen der Druck p konstant bleibt, heißen **isobare Prozesse**.

Bei diesen Prozessen ist das Volumen V eines idealen Gases zur absoluten Temperatur proportional.

$$\frac{V}{T} = \textbf{konstant}$$

für gleichbleibenden Druck p

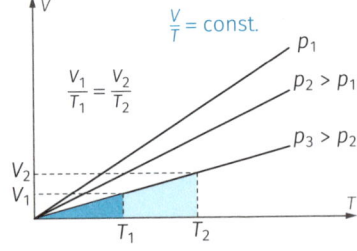

Beispielaufgabe: Isobare Zustandsänderung

Ein Gas nimmt bei 20 °C ein Volumen von 3 l ein.
Ermitteln Sie, auf welche Temperatur man das Gas bei gleichem Druck bringen muss, damit es 5 l Volumen einnimmt.

Lösung:
Die Zustandsänderung erfolgt isobar, also gilt:
$$\frac{V_2}{T_2} = \frac{V_1}{T_1}, \text{ also } T_2 = \frac{T_1 \cdot V_2}{V_1} = \frac{293{,}15 \text{ K} \cdot 5 \text{ l}}{3 \text{ l}} = 488{,}6 \text{ K}$$

2. Isochore Prozesse

Prozesse, bei denen das Volumen V konstant bleibt, heißen **isochore Prozesse**.
Bei diesen Prozessen ist der Druck p eines idealen Gases zur absoluten Temperatur proportional.

$$\frac{p}{T} = \textbf{konstant;} \text{ mit } \frac{n \cdot R}{V} = \textbf{konstant}$$

für gleichbleibendes Volumen V

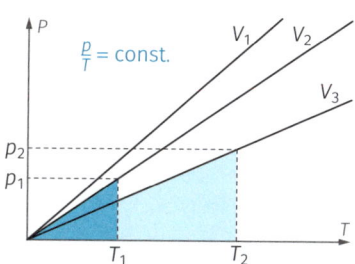

Beispielaufgabe: Isochore Zustandsänderung

Ein abgeschlossenes Luftvolumen besitzt bei einer Temperatur von 20 °C einen Druck von 1,2 bar.
Ermitteln Sie die Temperatur des Gases in °C bei einem Druck von 2 bar.

Lösung:
Da das Luftvolumen abgeschlossen ist, erfolgt die Zustandsänderung isochor.
Die gesuchte Temperatur ergibt sich aus der Gasgleichung
$$\frac{p_1}{T_1} = \frac{p_2}{T_2} \text{ zu}$$

$$T_2 = \frac{T_1 \cdot p_2}{p_1} = \frac{293{,}15 \text{ K} \cdot 2 \text{ bar}}{1{,}2 \text{ bar}} = 488{,}6 \text{ K} = 215{,}4 \text{ °C}$$

3. Isotherme Prozesse

Prozesse, bei denen die Temperatur T konstant bleibt, heißen **isotherme Prozesse**.
Bei diesen Prozessen ist der Druck p eines idealen Gases zum Kehrwert des Volumens V proportional.

$p \cdot V$ = konstant
für gleichbleibende Temperatur T

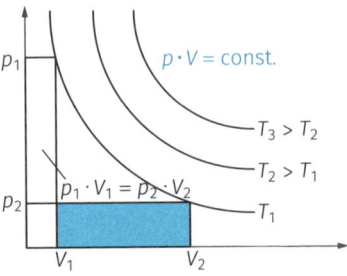

Beispielaufgabe: Isotherme Zustandsänderung

Eine kugelförmige Luftblase steigt im Wasser nach oben.
In einer Tiefe von 25 m hat sie einen Durchmesser von 1 cm.
Der Druck im Wasser steigt pro 10 m Wassertiefe um 10^5 Pa.
Ermitteln Sie den Durchmesser der Luftblase kurz vor dem Erreichen der Wasseroberfläche. Die Temperaturunterschiede der unterschiedlichen Wasserschichten beim Aufsteigen sollen hier vernachlässigt werden.

Lösung:

Da die Temperaturunterschiede vernachlässigt werden, erfolgt die Zustandsänderung des Gases isotherm.
Das Volumen der Luftblase in 25 m Tiefe berechnet sich

$$V_1 = \frac{4}{3}\pi r_1^3 = \frac{4}{3}\pi (0,5 \, cm)^3 = \frac{\pi}{6} \, cm^3 = 0,52 \, cm^3$$

An der Wasseroberfläche herrscht Normaldruck mit
$p_0 = 1013,25 \, hPa = 1,013 \cdot 10^5 \, Pa$,
und der Druck in 25 m Tiefe ergibt sich zu
$p_1 = 1,013 \cdot 10^5 \, Pa + 2,5 \cdot 10^5 \, Pa = 3,513 \cdot 10^5 \, Pa$.
Das Volumen V_0 der Luftblase kurz vor der Oberfläche erhält man mit der Zustandsgleichung $p_0 \cdot V_0 = p_1 \cdot V_1$ mit

$$V_0 = \frac{p_1 \cdot V_1}{p_0} = \frac{3,513 \cdot 10^5 \, Pa \cdot 0,52 \, cm^3}{1,013 \cdot 10^5 \, Pa} = 1,803 \, cm^3$$

Der zugehörige Durchmesser der Luftblase an der Oberfläche ergibt sich zu

$$d_0 = 2 \cdot r_0 = 2 \cdot \sqrt[3]{\frac{3 \cdot V_0}{4\pi}} = 2 \cdot \sqrt[3]{\frac{3 \cdot 1,803 \, cm^3}{4\pi}} = 1,51 \, cm.$$

• Für eine **beliebige Stoffmenge n** eines idealen Gases gilt die **thermische Zustandsgleichung $p \cdot V = n \cdot R \cdot T$** mit der **allgemeinen Gaskonstanten: $R = 8,314 \, \frac{J}{K \cdot mol}$**.

Kinetik idealer Gase

* Befindet sich **ein Gasteilchen** in einem würfelförmigen Volumen $V = a^3$ und stößt aufgrund seiner Bewegung völlig elastisch mit den Wänden zusammen, erfährt eine Fläche $A = a^2$ der Wand im **zeitlichen Mittel die Kraft** $F = \frac{\Delta p}{\Delta t} = \frac{m v^2}{a}$
(mit m = Masse und v = Geschwindigkeit des Gasteilchens; Herleitung über Impulserhaltung und beschleunigte Bewegung).

* Betrachtet man **N Teilchen** im Volumen V, die sich im Mittel mit einem Geschwindigkeitsbetrag $\bar{v}$ bewegen, so bewegen sich $\frac{1}{3}$ N Teilchen dabei in senkrechter Bewegungsrichtung zur Wandfläche A.

   Diese Überlegungen liefern den Zusammenhang $p = \frac{1}{3} \cdot \frac{N m \overline{v^2}}{V} = \frac{1}{3} \varrho \overline{v^2}$,
(BERNOULLI), also einen Zusammenhang zwischen **Gasdruck** und **Teilchengeschwindigkeiten** (ϱ = Dichte des Gases).

* Mit der obigen Gleichung (BERNOULLI) ergibt sich mit der thermischen Zustandsgleichung idealer Gase einen **Zusammenhang zwischen Teilchengeschwindigkeit und Temperatur:** $p \cdot V = n R T = \frac{1}{3} \cdot N m \overline{v^2}$

* Mit der mittleren kinetischen Energie eines Gasteilchens
$E_{kin} = \frac{1}{2} \cdot m \cdot \overline{v^2}$ erhält man die **Grundgleichung der kinetischen Gastheorie** $p \cdot V = n R T = \frac{2}{3} \cdot N \cdot E_{kin}$ mit $\frac{N}{n} = 6{,}022 \cdot 10^{23}$

* Die Gleichung für die **mittlere kinetische Teilchenenergie** $\overline{E_{kin}}$ eines idealen Gases ergibt sich durch Umformungen der Grundgleichung der Gastheorie.

$$\overline{E_{kin}} = \frac{3}{2} \cdot \frac{R}{\frac{N}{n}} \cdot T = \frac{3}{2} \cdot k \cdot T \text{ (nur abhängig von der Temperatur } T)$$

mit $k = \frac{R}{\frac{N}{n}} = 1{,}381 \cdot 10^{-23} \frac{J}{K}$ (**BOLTZMANN-Konstante**)

Beispielaufgabe: Mittlere kinetische Teilchenenergie

Ein Wasserstoffgas (1 mol hat die Masse $m = 2\,g$) hat eine Temperatur von $-150\,°C$. Berechnen Sie die mittlere Geschwindigkeit (vereinfacht: $\overline{v^2} = \bar{v}^2$) eines Wasserstoffmoleküls.

Lösung:
Aus $\frac{3}{2} \cdot k \cdot T = \frac{1}{2} \cdot m \cdot \bar{v}^2$ folgt $\bar{v}^2 = \frac{3 k T}{m} = \frac{3 k T \cdot N_A}{2 \cdot 10^{-3}\,kg}$

$$\Rightarrow \bar{v} = \sqrt{\frac{3 \cdot 1{,}381 \cdot 10^{-23} \frac{J}{K} \cdot 123{,}15\,K \cdot 6{,}022 \cdot 10^{23} \frac{1}{mol}}{2 \cdot 10^{-3}\,kg}} = 1240 \frac{m}{s}$$

Der erste Hauptsatz der Wärmelehre

● Zwischen Umgebungen und Systemen kann **Energie übertragen** werden. Wird eine Energie durch eine makroskopische Kraft entlang des Weges übertragen, wird die übertragende Energie als **Arbeit** $W = F \cdot s$ bezeichnet (Heben oder Schieben eines Körpers).

● Wird aber zwischen zwei Systemen **Energie aufgrund von Temperaturunterschieden der Systeme** übertragen (aufgrund der ungeordneten Bewegung mikroskopischer Teilchen), heißt die übertragene Energie **Wärme Q**.
Die makroskopischen Prozesse bei der Übertragung von Energie sind **Wärmeleitung, Wärmestrahlung und Konvektion**.

● Die **Energie E (Wärme Q)**, die einem Körper der Masse m zugeführt wird, bewirkt eine Temperaturerhöhung ΔT, abhängig von der spezifischen Wärmekapazität c eines Stoffes.

$$E = Q = c \cdot m \cdot \Delta T \text{ mit } [c] = 1 \frac{\text{J}}{\text{kg} \cdot \text{K}}$$

Beispielaufgabe: Erwärmung von Wasser

Berechnen Sie, welche Energiemenge notwendig ist, um 750 ml Teewasser von 20 °C $\left(\text{Dichte } \rho = 0,9982 \frac{\text{g}}{\text{cm}^3}\right)$ auf 65 °C zu erwärmen.

Lösung:

Wasser besitzt eine spezifische Wärmekapazität von $4,187 \frac{\text{kJ}}{\text{kg} \cdot \text{K}}$.

Die Masse des Teewassers berechnet sich mit der Dichte zu

$m = \rho \cdot V = 0,9982 \frac{\text{g}}{\text{cm}^3} \cdot 750 \text{ cm}^3 = 748,65 \text{ g} = 0,748\,65 \text{ kg}$

Die benötigte Wärmemenge Q kann berechnet werden mit

$Q = c \cdot m \cdot \Delta T = 4,187 \frac{\text{kJ}}{\text{kg} \cdot \text{K}} \cdot 0,748\,65 \text{ kg} \cdot (65 - 20) \text{ K} = 141,1 \text{ kJ}$

● Die potentielle und die kinetische Energie der Teilchen bezeichnet man als **thermische Energie**. Die gesamte Energie eines Systems aus thermischer, chemischer und nuklearer Energie heißt **innere Energie** (bei thermischen Prozessen nur thermische Energie relevant).

● Die Energieübertragung durch Arbeit oder Wärme ist mit einer Änderung des inneren Zustands, der **inneren Energie U** verknüpft.

AGGREGATZUSTÄNDE

Stoffe können in den drei **Aggregatzuständen fest, flüssig** oder **gasförmig** vorliegen. Der Aggregatzustand hängt von der Temperatur des Stoffes und dem Druck ab, unter dem er steht.

Führt man einem Stoff bei konstantem Druck Wärmeenergie zu, so steigt seine Temperatur, wenn er während dieser Erwärmung seinen Aggregatzustand nicht ändert.

Analoges gilt in umgekehrter Richtung für den Entzug von Wärmeenergie und der Temperaturabnahme.

Mögliche **Aggregatzustandsänderungen** (Phasenübergänge) sind:

- fest → flüssig: **Schmelzen**
  flüssig → fest: **Erstarren**
- flüssig → gasförmig: **Verdampfen**
  gasförmig → flüssig: **Kondensieren**
- fest → gasförmig: **Sublimieren**
  gasförmig → fest: **Verfestigen**

Während eines solchen Phasenübergangs bleibt die **Temperatur** des Stoffes **konstant** und die zugeführte Energie wird benötigt, um Teilchen von einander zu lösen und Bindungen zu spalten (umgekehrt wird diese Energie frei). Die Struktur und die Dichte des Stoffes verändern sich und die zugeführte Energie wird im Stoff als potentielle (innere) Energie gespeichert.

Die für einen Phasenübergang benötigte Energie ist stoffabhängig und wird als **Schmelz-** oder **Verdampfungswärme** bezeichnet. Die Temperaturen, bei denen diese Übergänge stattfinden, heißen **Schmelz-** oder **Siedepunkt**. Diese sind druckabhängig.

- Die Energie ΔE_s, die benötigt wird, um eine Masse m eines Stoffes zu schmelzen, ist abhängig von der spezifischen Schmelzwärme s des Stoffes.

$$\Delta E_s = m \cdot s \qquad [s] = 1\,\frac{kJ}{kg}$$

- Die Energie ΔE_r, die benötigt wird, um eine Masse m eines Stoffes zu verdampfen, ist abhängig von der spezifischen Verdampfungswärme r des Stoffes.

$$\Delta E_r = m \cdot r \qquad [r] = 1\,\frac{kJ}{kg}$$

Beispielaufgabe: Schmelzen und Sieden

Berechnen und vergleichen Sie die Energiemengen, die benötigt werden, um 100 g Eis zu schmelzen, es anschließend von 0 °C auf 100 °C zu erwärmen und dann vollständig zu verdampfen.

Lösung:

Eis schmilzt bei einer Temperatur von 0 °C. Diese Temperatur wird gehalten, solange nicht das gesamte Eis geschmolzen ist.

Die benötigte Schmelzwärme berechnet sich mit der spezifischen Schmelzwärme von Eis $s = 333{,}5 \frac{kJ}{kg}$

$$\Delta E_s = m \cdot s = 0{,}1 \, kg \cdot 333{,}5 \frac{kJ}{kg} = 33{,}35 \, kJ$$

Anschließend wird die Wassermenge von 0 °C auf 100 °C erwärmt. $\left(\text{spezifische Wärmekapazität von Wasser } c = 4{,}187 \frac{kJ}{kg \cdot K}\right)$

$$Q = c \cdot m \cdot \Delta T = 4{,}187 \frac{kJ}{kg \cdot K} \cdot 0{,}1 \, kg \cdot (100 - 0) \, K = 41{,}87 \, kJ.$$

Für das vollständige Verdampfen mit der spezifischen Verdampfungswärme $r = 2257 \frac{kJ}{kg}$ benötigt man die Energiemenge

$$\Delta E_r = m \cdot r = 0{,}1 \, kg \cdot 2257 \frac{kJ}{kg} = 225{,}7 \, kJ.$$

Beim Vergleich zeigt sich deutlich, dass eine viel größere Menge an Energie für das Verdampfen des Wassers benötigt wird als für den Schmelzvorgang und das Erwärmen.

* Die **innere Energie** von **N Teilchen** eines idealen Gases ist nur von seiner Temperatur abhängig.
$$U = N \cdot \overline{E_{kin}} = \frac{3}{2} \cdot N \cdot k \cdot T$$

* Der Zustand eines Systems kann durch Energieübertragung von einem Anfangszustand A zu einem Endzustand E verändert werden.
Die **Änderung der inneren Energie U** des Systems ist gleich der Summe der übertragenen Wärme Q und der zugeführten Arbeit W.
$\Delta U = U_E - U_A = Q + W$ (1. Hauptsatz der Wärmelehre)
Bei zugeführter Wärme Q bzw. Arbeit W sind die Werte von Q bzw. W positiv. Gibt das System Wärme Q ab bzw. verrichtet es Arbeit W an seiner Umgebung, dann sind die Werte von Q und W negativ.
Die Gesamtenergie eines abgeschlossenen Systems (kein Energie- oder Materieaustausch mit Umgebung) **bleibt erhalten (konstant)**.

* In **Wärmekraftmaschinen** dehnt sich stets ein Gas durch Wärmezufuhr aus und bewirkt eine Kraft auf bewegliche Bauteile der Maschine. Wärmeenergie wird so in **mechanische Energie** umgewandelt (Verbrennungsmotoren, Dampfmaschine, Dampfturbine, …).

Energieumwandlung bei Volumenänderung

Isobare Zustandsänderung

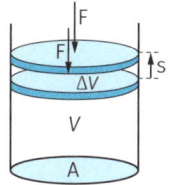

* Wird ein Kolben mit der Fläche A durch die äußere Kraft F um die Strecke s gegen den Gasdruck in einen Zylinder mit dem Volumen V geschoben, so bewirkt die zugeführte Arbeit W ($W > 0$) eine Kompression ($\Delta V < 0$).
  Da $W > 0$ und $\Delta V < 0$ muss für die Berechnung von W ein Minuszeichen eingefügt werden:
  $$W = -p\,\Delta V.$$

* Dem Gas wird von außen mechanische Arbeit W zugeführt. Damit gleichzeitig der Druck im Gas konstant bleibt, muss das Gas Wärme Q an seine Umgebung abgeben.

* Für die mechanische Energie W **(Fläche unter dem Graphen im V-p-Diagramm)** folgt mit dem Volumen V aus der Zustandsgleichung $\left(V = \dfrac{nRT}{p} \right)$ $W = -nR\,\Delta T,$

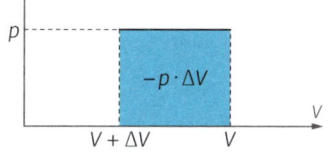

also eine Temperatursenkung und eine **Senkung der inneren Energie U** mit: $Q = \Delta U + nR\,\Delta T$ mit $\Delta T < 0$.

Beispielaufgabe: Isobare Expansion

Luft mit einem Volumen von $0{,}25\,\text{m}^3$ hat die Temperatur $20\,°\text{C}$ und einen Druck $0{,}2\,\text{MPa}$. Dem Gas wird von außen Wärme zugeführt, sodass es sich bei konstantem Druck von $20\,°\text{C}$ auf $120\,°\text{C}$ erwärmt und ausdehnt. Berechnen Sie die Arbeit W, die das Gas dabei an der Umgebung verrichtet.

Lösung:
Das Volumen der Luft (wird als ideales Gas betrachtet) vergrößert sich bei dieser isobaren Zustandsänderung auf (Zustandsgleichung)

$$V_2 = \frac{V_1 \cdot T_2}{T_1} = \frac{0{,}25\,\text{m}^3 \cdot 393{,}15\,\text{K}}{293{,}15\,\text{K}} = 0{,}335\,\text{m}^3$$

Daraus ergibt sich eine Volumenänderung von
$\Delta V = 0{,}335\,\text{m}^3 - 0{,}25\,\text{m}^3 = 0{,}085\,\text{m}^3$
Bei konstantem Druck gilt für die Volumenarbeit
$W = -p \cdot \Delta V = -0{,}2 \cdot 10^6\,\text{Pa} \cdot 0{,}085\,\text{m}^3 = -17{,}1\,\text{kJ}$
Das System verrichtet selbst (daher negatives Vorzeichen der Arbeit) eine Arbeit von $17{,}1\,\text{kJ}$.

Isotherme Zustandsänderungen

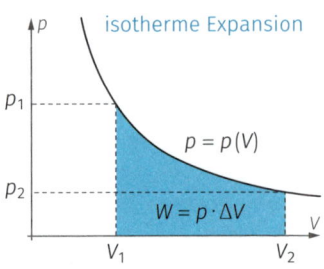

- Bei einer **isothermen Zustands-änderung** (T = konstant) verändert sich der Druck p eines Gases.

- Wie bei der isobaren Zustandsänderung entspricht die bei der Volumenänderung ΔV abgegebene Arbeit W der Fläche unter der Kurve **(Isotherme)** im V-p-Diagramm. Weil nun der Druck p aber nicht konstant bleibt, muss man die Arbeit W mit einem Integral berechnen:

$$W = -\int_{V_1}^{V_2} p\, dV = -nRT \int_{V_1}^{V_2} \frac{dV}{V} = -nRT \ln \frac{V_2}{V_1}$$

Wegen $V_2 > V_1$ expandiert das Gas; es verrichtet die Arbeit W an seiner Umgebung. Deshalb muss man das Minuszeichen anfügen.

- Da $\Delta T = 0$ ist auch $\Delta U = \frac{3}{2} \cdot k \cdot \Delta T = 0$, und es folgt:

$$Q = -W = nRT \ln \frac{V_2}{V_1}$$

Q ist die Wärme, die dem System bei einer isothermen Expansion von außen zugeführt werden muss. Bei einer isothermen Kompression gibt das System die Wärme Q an die Umgebung ab.

Beispielaufgabe: Isotherme Verdichtung

Ermitteln Sie den Enddruck, der erreicht wird, wenn $400\,m^3$ Luft vom Normaldruck $1{,}013 \cdot 10^5\,Pa$ unter einem Aufwand von $72\,MJ$ isotherm verdichtet werden sollen.

Lösung:

Da die Zustandsänderung isotherm erfolgt, gilt aus $p_1 \cdot V_1 = p_2 \cdot V_2$:

$$\frac{V_2}{V_1} = \frac{p_1}{p_2}$$

Mit der thermischen Zustandsgleichung $p \cdot V = n \cdot R \cdot T$ gilt auch:

$$nRT = p_1 V_1$$

Für die isotherme Kompression gilt $W = -nRT \cdot \ln \frac{V_2}{V_1}$

und mit den beiden Beziehung oben ergibt sich $W = -p_1 V_1 \cdot \ln \frac{p_1}{p_2}$

Durch Umstellen erhält man für den gesuchten Enddruck:

$$\ln(p_2) = \ln(p_1) + \frac{W}{p_1 V_1}$$

$$\ln(p_2) = \ln\left(1{,}013 \cdot 10^5\,Pa\right) + \frac{72 \cdot 10^6 J}{1{,}013 \cdot 10^5\,Pa \cdot 400\,m^3}$$

und damit $p_2 = 6{,}0 \cdot 10^5\,Pa$.

Adiabatische Zustandsänderung

* Zustandsänderungen, die ohne Austausch von Wärmenergie erfolgen $(Q = 0)$, heißen **adiabatisch**.

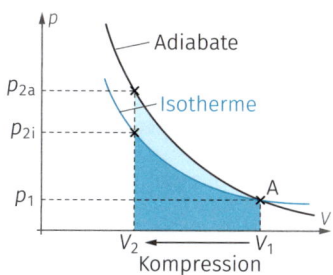

* Die Zufuhr von mechanischer Energie bewirkt eine Temperaturerhöhung und der Druckanstieg ist höher als bei isothermen Zustandsänderungen mit $p \sim \frac{1}{V}$.

* Daher sind die **Adiabaten** $p(V)$ steiler als die Isothermen.

ISOCHORE ZUSTANDSÄNDERUNGEN

Bei **isochoren Zustandsänderungen** bleibt das Gesamtvolumen konstant $(\Delta V = 0)$. Mit $W = -p\,\Delta V = 0$ folgt dann aus dem 1. Hauptsatz der Wärmelehre $\Delta U = Q$, also die Änderung der Energie erfolgt allein über die Wärmezufuhr bzw. -abgabe.

Kreisprozesse und der zweite Hauptsatz der Wärmelehre

* Wärme geht niemals von selbst von einem Körper niederer Temperatur zu einem Körper höherer Temperatur über (**2. Hauptsatz der Wärmelehre**). Es gibt keine periodisch arbeitende Maschine, die zugeführte Wärmeenergie Q in mechanische Arbeit W umwandelt, ohne dass ein Teil der zugeführten Energie wieder abgegeben wird.

* Eine **Wärmekraftmaschine M** entnimmt einem Energiereservoir hoher Temperatur T_1 die Wärmemenge Q_1 und gibt, nach der Entnahme der nutzbaren mechanischen Energie W die Restwärme Q_2 bei niedrigerer Temperatur T_2 an ein zweites Energiereservoir ab.

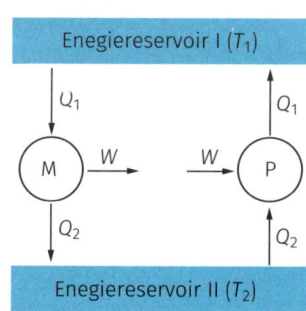

* Bei einer **Wärmepumpe P** wird umgekehrt unter Aufwendung mechanischer Energie W dem Reservoir II die Wärmemenge Q_2 entnommen und die Summe an Reservoir I abgeben. (z. B. Kühlschrank)

* Für die **Wirkungsgrade** gilt:

  Wärmekraftmaschine: $\quad \eta_M = 1 - \dfrac{Q_2}{Q_1}$

  Wärmepumpe: $\quad\quad\quad \eta_P = \dfrac{Q_1}{Q_1 - Q_2}$ mit $\eta_M \cdot \eta_P = 1$

* Ein Beispiel für eine periodisch arbeitende **Wärmekraftmaschine** ist ein **Heißluftmotor**. Der Zustand des Arbeitsgases wird dabei in vier geeignet miteinander kombinierten Takten, dem **STIRLING'schen Kreisprozess**, so geändert, dass wieder der Anfangszustand erreicht wird.

Der STIRLING'sche Kreisprozess

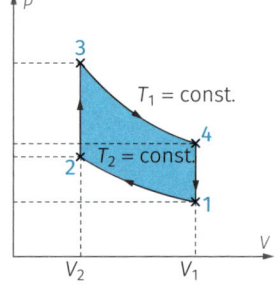

* **1 → 2: isotherme Kompression**

  $W_{12} = -Q_2 = -n\,R\,T_2 \ln \dfrac{V_2}{V_1}$ $(T = T_2)$

* **2 → 3: isochore Druckerhöhung**

  $W_{23} = 0$, da $\Delta V = 0$ $(T_2 \to T_1)$

* **3 → 4: isotherme Expansion**

  $W_{34} = -Q_1 = -n\,R\,T_1 \ln \dfrac{V_1}{V_2}$ $(T = T_1)$

* **4 → 1: isochore Drucksenkung**

  $W_{41} = 0$, da $\Delta V = 0$ $(T_1 \to T_2)$

* Der **Wirkungsgrad des STIRLING-Motors** ist nur abhängig von der Temperaturdifferenz $\Delta T = T_1 - T_2$. $\eta_{(M(Stirling))} = 1 - \dfrac{T_2}{T_1}$

Abi Tipp

CARNOT'SCHER KREISPROZESS

Der **CARNOT'sche Kreisprozess** unterscheidet sich vom STIRLING'schen Prozess darin, dass das Arbeitsgas statt der beiden isochoren Zustandsänderungen 2 → 3 und 4 → 1 **adiabatische Zustandsänderungen** erfährt.

Die Entropie

- Die **Entropie S** ist ein Maß für die Unordnung eines Systems. Ohne Energie von außen strebt jedes System einem Zustand höherer Unordnung zu. Jede Übertragung von Wärmeenergie Q erfolgt mit einem Entropiefluss ΔS.

- Bei **reversiblen Zustandsänderungen** mit konstanter Temperatur T kann die Entropieänderung ΔS mithilfe der Wärme Q beschrieben werden („mit der Wärme fließt auch die Entropie"):

  $\Delta S = \frac{Q}{T}$ oder $Q = \Delta S \cdot T$

- Mit **Arbeit** wird **keine Entropie S** übertragen.

- Die Entropie S eines idealen Gases **steigt mit seiner Temperatur T** und seinem Volumen V.

- Bei **reversiblen Vorgängen** bleibt die Entropie S eines abgeschlossenen Gesamtsystems konstant, bei **irreversiblen Vorgängen** nimmt sie zu. Die Entropie in einem abgeschlossenen System wird stets größer, aber nie kleiner. Jede **Entropiezunahme** kann als **Energieentwertung** verstanden werden.

WÄRMELEHRE   **Checkliste**

Das sollten Sie jetzt sicher beherrschen:

→ das ideale Gas und seine Zustandsgrößen

→ die allgemeine Gasgleichung (Normalbedingungen eines Gases)

→ isobare, isochore und isotherme Zustandsänderungen mit den zugehörigen Diagrammen

→ die thermische Zustandsgleichung für ideale Gase

→ die Zusammenhänge zwischen Gasdruck und Teilchengeschwindigkeit und zwischen Teilchengeschwindigkeit und Temperatur

→ die Grundgleichung der kinetischen Gastheorie

→ die mittlere kinetische Energie eines idealen Gases

→ Berechnung der Wärmezufuhr eines Stoffes

→ die innere Energie eines Stoffes

→ der 1. Hauptsatz der Wärmelehre

→ Volumenänderungen bei isobaren, isothermen und adiabatischen Zustandsänderungen (ischore Zustandsänderung)

→ Wärmekraftmaschine und Wärmepumpe und deren Wirkungsgrade

→ der STIRLING'sche Kreisprozess

→ Entropie, reversible und irreversible Zustandsänderungen

EIGENSCHAFTEN VON QUANTENOBJEKTEN

QUANTENOBJEKTE

… sind Gebilde aus der Mikrophysik, wie beispielsweise Elektronen, Atome, Atomkerne oder auch Photonen, deren Verhalten mit der klassischen Physik nicht mehr erklärt werden kann.

Teilchencharakter von Photonen

Die Träger der Energieportionen, die beim Übergang von Elektronen in der Atomhülle emittiert oder absorbiert werden, heißen **Photonen** oder **Lichtquanten**. Man stellt sie sich als winzige Teilchen vor, die sich mit Lichtgeschwindigkeit ausbreiten.

Der äußere lichtelektrische Effekt (Fotoeffekt)

* Im **Grundversuch zum lichtelektrischen Effekt** wird eine negativ geladene Metallplatte durch Bestrahlung mit einer Quecksilberdampflampe (UV-Lampe) entladen (eine positiv geladene Metallplatte nicht). Das Licht ist dabei in der Lage, Elektronen aus der Metalloberfläche herauszulösen. Dazu muss Energie von den Photonen auf die Elektronen übertragen werden.

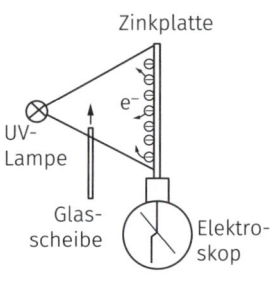

* Wird eine **Glasscheibe** in den Strahlengang der Lampe gebracht, entlädt sich die Metallplatte nicht, auch nicht nach längerer Zeit, weil die energiereiche UV-Strahlung der Lampe von der Glasscheibe abgeschirmt wird. Trifft die energiereiche UV-Strahlung ungehindert auf die Metallplatte, kann sie Elektronen auslösen.

* **Sofort** nach Beginn der Bestrahlung der Metallplatte mit UV-Licht ist genügend Energie vorhanden, die Elektronen auszulösen.

- Eine **Erhöhung der Intensität** ausreichend energiereicher Strahlung führt zur Erhöhung der Anzahl ausgelöster Elektronen (proportional zueinander).

- Weder die Frequenzabhängigkeit noch das verzögerungslose Einsetzen des Fotoeffekts kann mit der Wellentheorie des Lichts erklärt werden, sondern nur mit den Teilcheneigenschaften des Lichts.

Die Energie und die Frequenz von Photonen

- Zur Auslösung der Elektronen aus der Metalloberfläche ist eine bestimmte Energie der Photonen erforderlich, die **Ablöseenergie** oder **Austrittsarbeit W_A**. Diese Energie ist materialabhängig.

- Ist die Energie E der Photonen größer als die Austrittsarbeit W_A, verbleibt die restliche Energie den herausgelösten Elektronen in Form von **kinetischer Energie E_{kin}**.
Für die Energie des Lichtquants gilt also: $E = W_A + E_{kin}$

- Die Abhängigkeit der kinetischen Energie der herausgelösten Elektronen von der Frequenz des verwendeten Lichts kann mithilfe einer **Vakuum-Fotozelle** und der **Gegenfeldmethode** (Kapitel 5) bestimmt werden.

- Die von einem Licht einer bestimmten Frequenz aus der Kathode herausgelösten Elektronen fliegen mit ihrer kinetischen Energie E_{kin} in Richtung der Ringanode und einige erreichen diese sogar.

- Die angelegte, regelbare Gegenspannung zwischen Kathode und Ringanode wird nun so verändert, dass gerade kein Strom mehr fließt, also keine Elektronen die Ringanode erreichen.
Für diesen Grenzfall (Fotostrom zwischen Kathode und Anode null) gilt dann die Beziehung: $e \cdot U = \frac{1}{2} \cdot m \cdot v^2 = E_{kin}$.

- Bei der Bestrahlung der Kathode einer Fotozelle mit Licht unterschiedlicher Frequenzen (Austrittsarbeit bleibt gleich), erhält man den Zusammenhang zwischen der Frequenz des verwendeten Lichts und der kinetischen Energie der abgelösten Elektronen.

🔹 Diese Abhängigkeit wird als **EINSTEIN-Gerade** bezeichnet.

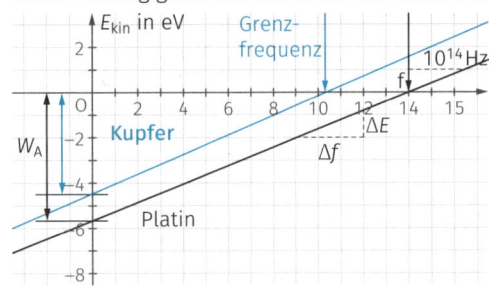

🔹 Der Schnittpunkt der Geraden mit der E_{kin}-Achse gibt die **Austrittsarbeit W_A** und der Schnittpunkt mit der f-Achse gibt die **Grenzfrequenz f_G** an, also die Frequenz des Lichtes, die für das Kathodenmaterial mindestens benötigt wird, um Elektronen auslösen zu können.

🔹 Die Steigung der EINSTEIN-Geraden ergibt sich als Quotient der kinetischen Energie und der Frequenz und ist für alle Kathodenmaterialien gleich (in der Abbildung Platin und Kupfer im Vergleich). Sie wird **PLANCK'sches Wirkungsquantum** oder **PLANCK-Konstante h** genannt und ist eine fundamentale Naturkonstante.

$$h = \frac{\Delta E_{kin}}{\Delta f} = 6{,}626 \cdot 10^{-34}\,\text{Js}$$

🔹 Die **Energie eines Lichtquants** ist direkt proportional zu seiner Frequenz, mit der PLANCK-Konstanten als Proportionalitätsfaktor.

$$E = h \cdot f$$

🔹 Für die Energiebilanz des äußeren lichtelektrischen Effekts ergibt sich unter Berücksichtigung der Energie der Photonen die sogenannte **EINSTEIN-Gleichung:**

$$h \cdot f = W_A + E_{kin}$$

🔹 Für die Grenzfrequenz, also wenn die gesamte Photonenenergie zum Auslösen der Elektronen benötigt wird, gilt dann stoffabhängig:

$$f_G = \frac{W_A}{h}$$

Die kinetische Energie der herausgelösten Elektronen ist in diesem Fall null.

Beispielaufgabe: Fotoeffekt

Ermitteln Sie, ob es möglich ist, mit Licht einer Wellenlänge von 480 nm aus einer Platinkathode Elektronen auszulösen.
(Austrittsarbeit Platin: $W_A = 5,66\,eV$)

Lösung:

Für die Frequenz des verwendeten Lichts ergibt sich

$$f = \frac{c}{\lambda} = \frac{3,0 \cdot 10^8 \frac{m}{s}}{480 \cdot 10^{-9}\,m} = 6,25 \cdot 10^{14}\,Hz$$

und für die Grenzfrequenz von Platin erhält man

$$f_G = \frac{W_A}{h} = \frac{5,66 \cdot 1,602 \cdot 10^{-19}\,J}{6,626 \cdot 10^{-34}\,Js} = 1,368 \cdot 10^{15}\,Hz$$

Da die Frequenz des benutzten Lichts kleiner als die Grenzfrequenz von Platin ist, ist es nicht möglich, mit diesem Licht Elektronen aus Platin auszulösen.

Die Energie und der Impuls von Photonen

* Photonen werden stets in ganzen Portionen nachgewiesen und besitzen die Energie $E = h \cdot f$.

* Nach der Relativitätstheorie sind Energie und Masse äquivalent und daher kann Photonen auch eine **Masse m** zugeordnet werden.
  Die Masse ist dabei nur ein Energieäquivalent und kann nicht als Ruhemasse interpretiert werden, Photonen ruhen nie.

$$m = \frac{E}{c^2} = \frac{h \cdot f}{c^2} = \frac{h}{c} \cdot \lambda$$

* Durch die Existenz der Masse m von Photonen und ihrer Geschwindigkeit v kann ihnen auch ein **Impuls p** zugeordnet werden.

$$p = m \cdot v = m \cdot c = m \cdot \frac{c^2}{c} = \frac{E}{c} = \frac{h \cdot f}{c} = \frac{h}{\lambda}$$

* Photonen können also Stöße mit anderen Teilchen durchführen und dabei gilt die **Impulserhaltung** (COMPTON-Effekt, Photonenwinde).

Beispielaufgabe: Fotoeffekt

Rotes Licht der Wellenlänge $\lambda = 620\,\text{nm}$ breitet sich mit Lichtgeschwindigkeit aus.
Bestimmen Sie die Masse eines dieser Photonen.

Lösung:

Mit der Formel für die Photonenmasse ergibt sich

$$m = \frac{h}{c} \cdot \lambda = \frac{6{,}626 \cdot 10^{-34}\,\text{Js})}{3 \cdot 10^{8}\frac{m}{s}} \cdot 620 \cdot 10^{-9}\,\text{m} = 3{,}56 \cdot 10^{-36}\,\text{kg.}$$

Wellencharakter von Quantenobjekten

- Auch Teilchen, beispielsweise Elektronen, zeigen Welleneigenschaften wie Beugung und Interferenz (**Welle-Teilchen-Dualismus**).

- Die Wellenlänge der Teilchen ist abhängig vom Impuls des Teilchens.
  $$\lambda = \frac{h}{p}$$
  Diese Gleichung wird als **DE-BROGLIE-Gleichung** bezeichnet und **λ heißt DE-BROGLIE-Wellenlänge**. Man kann so auch Materie mit Elementen der Wellentheorie beschreiben und Quantenobjekten, wie beispielsweise Elektronen, eine Wellenlänge zuordnen.

- Das **Wellenverhalten von Materieteilchen** (wie Elektronen) lässt sich beispielsweise mit einer Elektronenbeugungsröhre (Beugung) oder einen Doppelspaltexperiment nach JÖNSSON (Interferenz) nachweisen.

Die Elektronenbeugungsröhre

Das Wellenverhalten der Elektronen kann man beispielsweise mit einer **Elektronenbeugungsröhre** nachweisen.

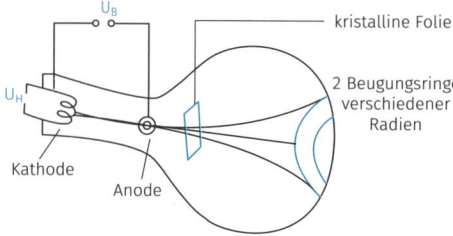

- Aus der Kathode austretende Elektronen werden zur Anode hin beschleunigt und gebündelt und anschließend an einer dünnen, kristallinen Folie gebeugt. Auf einem Leuchtschirm dahinter sind Beugungsringe zu erkennen.

- Der Radius der Beugungsringe hängt von der Geschwindigkeit v und somit von der Wellenlänge λ der Elektronen ab. Außerdem von der Gitterkonstante des Kristalls (BRAGG-Reflexionen) und dem Abstand e des Kristalls vom Schirm.

- Bei der Verringerung der Beschleunigungsspannung in der Elektronenbeugungsröhre verkleinert sich die Geschwindigkeit der Elektronen, denn es gilt: $v = \sqrt{\dfrac{2\,e \cdot U}{m}}$ (Herleitung siehe Seite 46).
  Aufgrund der DE-BROGLIE-Beziehung: $\lambda = \dfrac{h}{p} = \dfrac{h}{m \cdot v}$
  führt diese Verkleinerung der Geschwindigkeit v zur Vergrößerung der Wellenlänge λ.

- Für die Elektronen gilt dann, dass die Maxima umso weiter auseinander liegen, je größer die Wellenlänge λ ist (analog zum optischen Gitter, hier führen kleinere Spaltabstände zu größeren Abständen der Maxima).

- Daher vergrößern sich die Radien der Beugungsringe bei Verkleinerung der Beschleunigungsspannung U.

- Die Ausbreitung von Quantenobjekten kann nur mit dem Wellenmodell beschrieben werden.

Beispielaufgabe: Interferenz von Elektronen am Gitter

Zunächst ruhende Elektronen werden mit einer Spannung von 1,2 kV beschleunigt.

a) Berechnen Sie, welche Energie und welche Geschwindigkeit die Elektronen nach der Beschleunigung besitzen.

b) Ermitteln Sie die Wellenlänge der einem Elektron zugeordneten DE-BROGLIE-Welle.

c) Die beschleunigten Elektronen werden von einem Gitter mit 620 Spalten/mm gebeugt und treffen anschließend auf einen Leuchtschirm.
   Berechnen Sie, unter welchem Winkel man das 1. Beugungsmaximum erwartet und den Abstand dieser 1. Maxima, wenn der Leuchtschirm 10 m vom Gitter entfernt ist.

Lösung:

a) Energie der Elektronen:

$E_{kin} = e \cdot U = 1,2 \text{ keV} = 1200 \text{ V} \cdot 1,602 \cdot 10^{-19} \text{ C} = 1,92 \cdot 10^{-16} \text{ J}$

Geschwindigkeit der Elektronen (nicht relativistisch):

$v = \sqrt{\dfrac{2 \cdot E_{kin}}{m}} = \sqrt{\dfrac{2 \cdot 1,92 \cdot 10^{-16} \text{ J}}{9,109 \cdot 10^{-31} \text{ kg}}} = 2,05 \cdot 10^{7} \dfrac{m}{s}$

b) DE-BROGLIE-Wellenlänge:

$\lambda = \dfrac{h}{p} = \dfrac{h}{m \cdot v} = \dfrac{6,626 \cdot 10^{-34} \text{ Js}}{9,109 \cdot 10^{-31} \text{ kg} \cdot 2,05 \cdot 10^{7} \frac{m}{s}} = 3,55 \cdot 10^{-11} \text{ m} = 35,5 \text{ nm}$

c) Für das Maximum 1. Ordnung gilt für die Beugung am Gitter:

$\sin \alpha_1 = \dfrac{1 \cdot \lambda}{b} = \dfrac{3,55 \cdot 10^{-11} \text{ m}}{\frac{1}{620} \cdot 10^{-3} \text{ m}}$

und ergibt für den Winkel $\alpha = 1,26 \cdot 10^{-3}°$.

Wegen der Kleinwinkelnäherung gilt $\dfrac{\lambda}{b} = \dfrac{s_1}{e}$ und ergibt für den Abstand des 1. Maximums vom Maximum 0. Ordnung

$s_1 = \dfrac{\lambda}{b} \cdot e = \dfrac{3,55 \cdot 10^{-11} \text{ m}}{\frac{1}{620} \cdot 10^{-3} \text{ m}} \cdot 10 \text{ m} = 0,22 \text{ mm}$

und somit einen Abstand der Maxima 1. Ordnung von $2 \cdot 0,22 \text{ mm} = 0,44 \text{ mm}$.

Das Verhalten von Quantenobjekten

● Für einzelne Quantenobjekte können Messergebnisse (wie z. B. Orts-
messungen im Doppelspaltexperiment) nicht vorhergesagt werden.
Sie sind in der Lage, einzeln zu Interferenzmustern beizutragen. Bei
Quantenobjekten sind generell nur Wahrscheinlichkeitsaussagen bezüglich ihres Orts und ihres Impulses möglich. Quantenobjekte zeigen
stochastisches Verhalten. So lässt sich immer nur angeben, mit welcher Wahrscheinlichkeit sich ein Quantenobjekt in einem bestimmten
Raumintervall aufhalten wird. Je größer dieses Raumintervall ist, um
so größer ist auch diese Aufenthaltswahrscheinlichkeit.

● Es ist daher nicht möglich, den Ort x und den Impuls p eines
Quantenobjekts beliebig genau festzulegen. Je bestimmter der Ort
x ist, desto unbestimmter ist sein Impuls $p = m \cdot v$. Das Produkt der
auftretenden Ungenauigkeiten, also der Ortsunschärfe Δx und der
Impulsunschärfe Δp kann nicht kleiner werden als $\frac{h}{4\pi}$. Es gilt:

$$\Delta x \cdot \Delta p \geq \frac{h}{4\pi} \quad \textbf{(Unbestimmtheitsrelation nach \textsc{Heisenberg};}$$
$$\text{auch Unschärferelation)}$$

Beispielaufgabe: Unbestimmtheit in der Geschwindigkeit

Schätzen Sie rechnerisch die Geschwindigkeitsunschärfe eines
Elektrons in der Atomhülle ab.

Lösung:

Die Ortsunschärfe des Elektrons beträgt das Doppelte des
Bohr'schen Radius mit $\Delta x = 2 \cdot 0{,}529 \cdot 10^{-10}\,\mathrm{m} = 1{,}058 \cdot 10^{-10}\,\mathrm{m}$, da
sich das Elektron in diesem Bereich um den Kern irgendwo aufhält.
Den Impuls des Elektrons kann man mit $p = m \cdot v$ bestimmen, wobei
die Masse keine Unschärfe besitzt.
Also gilt für die Impulsunschärfe des Elektrons $\Delta p = m \cdot \Delta v$.
Mit der Unschärferelation nach Heisenberg ergibt sich:

$$\Delta x \cdot \Delta p = \Delta x \cdot m \cdot \Delta v \geq \frac{h}{4\pi}$$

Daraus folgt durch Umstellung für die Geschwindigkeitsunschärfe:

$$\Delta v \geq \frac{h}{4\pi \cdot m \cdot \Delta x} = \frac{6{,}626 \cdot 10^{-34}\,\mathrm{Js}}{4\pi \cdot 9{,}109 \cdot 10^{-31}\,\mathrm{kg} \cdot 1{,}058 \cdot 10^{-10}\,\mathrm{m}} = 547\,\frac{\mathrm{km}}{\mathrm{s}}.$$

Im Mittel würde man bei der Messung der Geschwindigkeit von
Elektronen in der Atomhülle Schwankungen von mindestens $547\,\frac{\mathrm{km}}{\mathrm{s}}$
erhalten.

- Durch die Unbestimmtheit von Ort und Impuls eines Quantenobjekts ist es nicht möglich, dass sich diese auf „festen Bahnen" bewegen.

- Quantenobjekte haben stets **etwas „Welliges"** (bestimmt seine Ausbreitung), **etwas „Körniges"** (zeigt sich bei der Ortsmessung) und **etwas „Stochastisches"** (erlaubt nur Wahrscheinlichkeitsaussagen).

- Die zeitabhängige Ausbreitung eines Teilchens (Quantenobjekts) im Raum oder genauer, die Wahrscheinlichkeit, ein Teilchen in einem bestimmten Raumintervall vorzufinden, kann mithilfe einer **Wellenfunktion $\Psi(x, y, z, t)$** beschrieben werden, wobei x, y und z die drei Raumkoordinaten und t die Zeit darstellt. Das Quadrat der Wellenfunktion gibt an, mit welcher Wahrscheinlichkeit sich ein Teilchen zum Zeitpunkt t im Rauminterval $x + \Delta x$, $y + \Delta y$, $z + \Delta z$ aufhält. Man bezeichnet das Quadrat der Wellenfunktion daher auch als **Wahrscheinlichkeitsdichte**.

EIGENSCHAFTEN VON QUANTENOBJEKTEN   Checkliste

Das sollten Sie jetzt sicher beherrschen:

→ der Nachweis des Teilchencharakters von Photonen mithilfe des äußeren lichtelektrischen Effekts (Fotoeffekts) und den Versuchsaufbau dazu

→ die Bestimmung der Energie von Photonen mithilfe des Fotoeffekts und der Gegenfeldmethode

→ die grafische Darstellung und Berechnungen des Zusammenhangs zwischen der Frequenz von der Energie von Photonen mithilfe der PLANCK-Konstanten

→ Berechnung von Grenzfrequenz und Austrittsarbeit an verschiedenen Kathodenmaterialien mithilfe der EINSTEIN-Gleichung.

→ der Impuls von Photonen und dessen Berechnung

→ der experimentelle Nachweis von Beugungs- und Interferenzeigenschaften von Quantenobjekten (Materieteilchen) und damit deren Wellenverhalten

→ Interferenz von Materiewellen am Doppelspalt und die Berechnung von Wellenlänge, Lage der Interferenzstreifen oder Geometrie der Doppelspaltanordnung

→ die Berechnung der DE-BROGLIE-Wellenlänge als eine zugeordnete Wellenlänge von Materieteilchen

→ die Unbestimmtheitsrelation nach HEISENBERG und deren rechnerische Anwendung

→ Beschreibung der Aufenthaltswahrscheinlichkeit eines Quantenobjekts durch eine Wellenfunktion

EIN ATOMMODELL DER QUANTENPHYSIK

Aufbau von Atomen

* Materie ist aus Atomen aufgebaut. Beispielsweise bestehen 12 g Kohlenstoff aus **1 Mol = $6{,}022 \cdot 10^{23}$ Atomen**.

* Durch verschiedene Experimente (z. B. Ölfleckversuch) kann man die Größe (Radius ca. **10^{-10} m**) und die Masse (**zwischen 10^{-27} kg und 10^{-24} kg**) eines Atoms abschätzen.

* Ein Atom besteht aus einem positiv geladenen **Atomkern** (Protonen und Neutronen) und einer negativ geladenen **Atomhülle** (Elektronen) zwischen denen anziehende Kräfte wirken. Mithilfe von Experimenten (z. B. RUTHERFORD'scher Streuversuch) war es möglich, folgende Erkenntnisse über das Atom zu gewinnen:
  - Der Atomkern ist zum Vergleich zur Atomhülle sehr klein (Radius ca. 10^{-14} m), trägt aber mehr als 99,99 % der Masse des gesamten Atoms.
  - Die Größe des Atoms wird durch die Atomhülle festgelegt. Die Atomhülle ist der Raum, in dem sich die Elektronen eines Atoms aufhalten. Sie ist theoretisch unendlich groß, wobei die Wahrscheinlichkeit, ein Elektron anzutreffen, bei großem Abstand zum Kern gegen null geht.
  - Wenn man der Atomhülle genügend Energie in geeigneter Form zuführt, dann ist es möglich, Elektronen aus der Hülle zu entfernen.

Emission und Absorption von Licht

* Jedem Elektron in der Atomhülle ist eine bestimmt **Energie** zugeordnet ($E_1, E_2, E_3, ...$), d. h. sie existieren auf bestimmten **Energieniveaus** in der Atomhülle.

* Die Gesamtheit aller Energieniveaus wird als **Energieniveauschema** eines Atoms bezeichnet. Diese sind für alle Atome eines Elements gleich, für unterschiedliche Elemente aber verschieden.

* Die Emission und die Absorption von Licht sind mit Vorgängen in der Atomhülle verbunden.

* Bei einer geeigneten Energiezufuhr ΔE, kann ein Elektron von einem niedrigeren auf ein höheres Energieniveau gehoben werden.

* Seine Energie erhöht sich um den Betrag ΔE.
  Diese Anregung des Atoms ist auf unterschiedliche Arten möglich.

  1. Das Atom **absorbiert ein Photon**, wenn dessen Energie ΔE **genau** zu einem Sprung eines Elektrons auf ein höheres Energieniveau passt (Energiedifferenz zweier Energieniveaus).

  2. Das Atom kann durch einen **Stoß mit anderen Elektronen oder Atomen** angeregt werden, wenn die Energie des stoßenden Teilchens größer ist als die Energiedifferenz zweier Energieniveaus im Atom selbst. Das stoßende Teilchen gibt dabei nur die Energie ΔE ab, die das Elektron zum Sprung auf das höhere Niveau benötigt.

* Das gehobene Elektron verharrt eine gewisse Zeit auf dem höheren Energieniveau und fällt anschließend wieder auf sein ursprüngliches Niveau zurück.

* Bei einem **Sprung eines Elektrons** von einem höheren auf ein niedrigeres Energieniveau verringert sich seine Energie um den Betrag ΔE. Dabei wird ein Photon mit dieser Energie ΔE emittiert.

* Der Übergang eines Elektrons zwischen zwei Energieniveaus ist mit der Aufnahme bzw. Abgabe von Energie verbunden. Für die absorbierten bzw. emittierten Photonen gilt:

  $\Delta E = h \cdot f = h \cdot \dfrac{c}{\lambda}$; mit f = Frequenz und λ = Wellenlänge des Photons.

Linienspektren

Emissionsspektren

* Jedem emittierten Photon kann mit $E = h \cdot f$ eine bestimmte Frequenz („Farbe") zugeordnet werden, die man als einzelne Spektrallinie beobachten kann.

* Die Gesamtheit aller Spektrallinien eines bestimmten Atoms nennt man **Emissionsspektrum**.

* Ein **kontinuierliches Spektrum** besitzt Spektrallinien aller Frequenzen sichtbaren Lichts (weißes Licht).

* Ein **Emissions-Linienspektrum** besteht nur aus den Frequenzen ("Farben"), die den möglichen Energiedifferenzen des jeweiligen Atoms, also den Energien der emittierten Photonen, entsprechen.

Absorptionsspektren

* Ein **Absorptions-Linienspektrum** besteht aus einem kontinuierlichen Spektrum mit dunklen Linien, die sich bei dem jeweiligen Element genau an den Stellen befinden, an denen sich im Emissions-Linienspektrum die farbigen Linien befinden.

* Die dunklen Linien entstehen beim Durchgang von weißem Licht durch ein Gas, in dem genau die Photonen absorbiert werden, deren Energien zu den möglichen Übergängen zwischen den Niveaus in der Atomhülle des Gases passen (FRAUNHOFER'sche Linien).

Elektronen im eindimensionalen Potentialtopf

* Die **SCHRÖDINGER-Gleichung** ist die Grundgleichung der Quantenphysik und ermöglicht die mathematische Beschreibung der Energieniveaus eines Atoms.

* Das **Potential E_{pot}** beschreibt die Kräfte, die auf das Quantenobjekt wirken.

* Die zeitabhängige Bewegung der Elektronen in der Hülle wird dabei durch **Wellenfunktionen $\Psi(x, y, z, t)$** beschrieben.
  Im vereinfachten Fall betrachtet man die Bewegung zeitunabhängig (**stationär**) mit $\Psi(x, y, z)$ (**Eigenfunktionen als Lösungen der SCHRÖDINGER-Gleichung**).
  Diese Wellenfunktionen gehören zu bestimmten Energieniveaus E_n.

* Die Quadrate dieser Eigenfunktionen sind ein Maß für die **Aufenthaltswahrscheinlichkeiten** der Elektronen in der Atomhülle. Die grafische Darstellung dieser räumlichen Verteilung nennt man **Orbital**. Die **Dichteverteilung** dieses Orbitals gibt für jeden Ort (x, y, z) die Wahrscheinlichkeit an, das Elektron bei einer Ortsmessung dort vorzufinden.

Eindimensionaler Potentialtopf der Breite *L* mit unendlich hohen Wänden

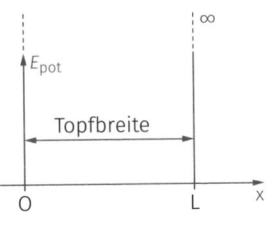

- Ein Atom kann mit dem Modell des eindimensionalen Potentialtopfs beschrieben werden: In diesem Modell sind die Elektronen eines Atoms in einer Art Topf mit unendlich hohen Wänden eingesperrt (einfachster Fall). Es kann sich in dem Topf nur eindimensional in *x*-Richtung kräftefrei ($E_{pot} = 0$) bewegen.

- Die potentielle Energie E_{pot} sei an den Orten der Wände und außerhalb des Topfes unendlich groß.
  Daher kann das Elektron nicht in die Begrenzungswände eindringen, sondern wird dort reflektiert.

- Die jeweilige Energie E_n eines Elektrons im Topf kann aus den folgenden drei Bedingungen hergeleitet werden:
  - Die Eigenfunktionen für die Elektronen im Topf sind **stehende Wellen**, die an den Orten der Wände den Wert null annehmen (**Knotenpunkte**). Die Bedingung für stehende Wellen in einem Topf der Breite *L* lautet $L = n \cdot \frac{\lambda}{2}$, also $\lambda = \frac{2L}{n}$.
  - Die Energie eines Elektrons im Topf kann über seine DE-BROGLIE-Wellenlänge mit $\lambda = \frac{h}{m \cdot v}$ bestimmt werden.
  - Da die potentielle Energie E_{pot} für das Elektron null ist, ist die **Gesamtenergie E_n** des Elektrons gleich seiner kinetischen Energie $E_{kin} = \frac{1}{2} \cdot m \cdot v^2$.

- Die Gesamtenergie E_n ergibt sich zu:
  $$E_n = \frac{h^2}{8 \cdot m_e \cdot L^2} \cdot n^2 \quad \text{(für } n = 1, 2, 3, \ldots\text{)}.$$
  Elektronen können in einem Topf mit unendlich hohen Wänden nur bestimmte Energiewerte E_n besitzen.

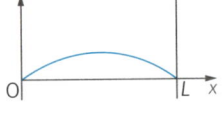

$\lambda_n = 2L$

$E_n = \frac{h^2}{8 m_e \cdot L^2}$

$\lambda_2 = L$

$E_n = \frac{h^2}{8 m_e \cdot L^2} \cdot 4$

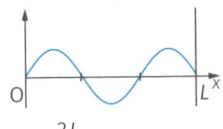

$\lambda_3 = \frac{2L}{3}$

$E_n = \frac{h^2}{8 m_e \cdot L^2} \cdot 9$

- Daraus ergeben sich die Dichteverteilungen der Elektronen mit Bereichen größter und kleinster Aufenthaltswahrscheinlichkeiten für die verschiedenen Orte im Potentialtopf.

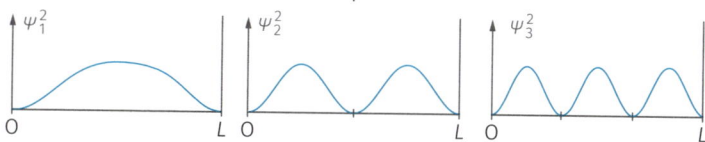

- Die Energie $E_1 = \dfrac{h^2}{8 \cdot m_e \cdot L^2}$ des Grundzustands $n = 1$ heißt **Nullpunktsenergie**.

Eindimensionaler Potentialtopf der Breite *L* mit endlich hohen Wänden

- Die Realität lässt sich allerdings mit endlich hohen Potentialtöpfen mit endlich dicken Wänden exakter beschreiben.
  Die **Höhe des Potentialtopfes** ist dabei die Energie, die von einem Elektron benötigt wird, um den Topf zu verlassen.

- Teilchen, deren Gesamtenergie größer ist als die Topfhöhe, bezeichnet man als **freie Teilchen**, denn sie können sich im gesamten Raum frei bewegen.

- Teilchen im Topf, also mit Gesamtenergien kleiner als die Topfhöhe, heißen **gebunden**. Die Eigenfunktionen dieser Elektronen sind gleich derer im unendlich hohen Topf.
  Durch die endliche Höhe und endliche Wanddicke des Topfes können sie aber auch mit einer gewissen Wahrscheinlichkeit in den klassisch verbotenen Bereichen (wie Topfwände oder außerhalb des Topfes) nachgewiesen werden.

- Ist die Wanddicke des Potentialtopfes genügend klein, dann kann das Teilchen den Potentialtopf auf diesem Weg auch verlassen.
  Dieser Effekt wird **Tunneleffekt** genannt.
  Die Wahrscheinlichkeit für den Tunneleffekt steigt, je dünner und niedriger der Potentialtopf ist. (Der Tunneleffekt ermöglicht auch den α-Zerfall und die Kernfusion in der Sonne.)

Der dreidimensionale Potentialtopf

* Die SCHRÖDINGER-Gleichung lässt sich für einen dreidimensionalen Potentialtopf in drei eindimensionale SCHRÖDINGER-Gleichungen zerlegen.
  Die Eigenfunktionen Ψ_n können dabei für die verschiedenen Richtungen unterschiedlich sein. Man erhält **dreidimensionale stehende Wellen** mit **Knotenflächen** (statt Knotenpunkten im eindimensionalen Fall).

* Die Aufenthaltswahrscheinlichkeiten der Elektronen werden nun durch **Orbitale** (Dichteverteilungen) dargestellt.

* Beispiele für Orbitalformen:
  1. Der einfachste Zustand für die drei Eigenfunktionen ergibt ein kugelförmiges Orbital.

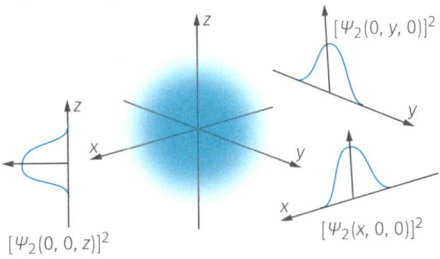

  2. Ein hantelförmiges Orbital erhält man für folgende Eigenfunktionen. Die Knotenfläche liegt hierbei in der x-y-Ebene.

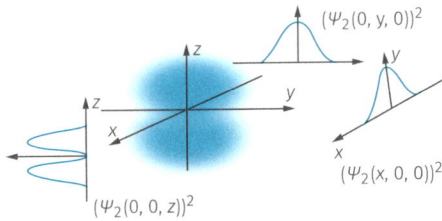

* Der potentiellen Energie im Topfmodell entspricht in der Realität die potentielle Energie des Elektrons im COULOMB-Feld, da sich das Elektron im elektrischen Feld des positiv geladenen Kerns befindet.
  Dieses **COULOMB-Potential** ist radialsymmetrisch und abhängig vom Abstand r zum Kern.

$$E_{pot} = -\frac{1}{4\pi\varepsilon_0} \cdot \frac{e^2}{r}$$

Quantenmechanisches Modell des Wasserstoffs

Spektrallinien des Wasserstoffatoms

* Die Energieniveaus im Wasserstoffatom hängen nur von der **Hauptquantenzahl *n*** ab. Setzt man den Nullpunkt der potentiellen Energie ins Unendliche, erhält man als exakte Lösung der SCHRÖDINGER-Gleichung für die Energieniveaus des Wasserstoffatoms den folgenden Zusammenhang:

$$E_n = -\frac{m_e \cdot e^4}{8 \cdot \varepsilon_0^2 \cdot h^2} \cdot \frac{1}{n^2} = -13,6\,\text{eV} \cdot \frac{1}{n^2} \quad \text{oder} \quad E_n = -R_H \cdot h \cdot c \cdot \frac{1}{n^2}$$

mit der **RYDBERG-Konstante** $R_H = 1,097 \cdot 10^7 \frac{1}{m}$

* Die grafische Darstellung dieser Energiewerte ergibt das Energieniveauschema von Wasserstoff.

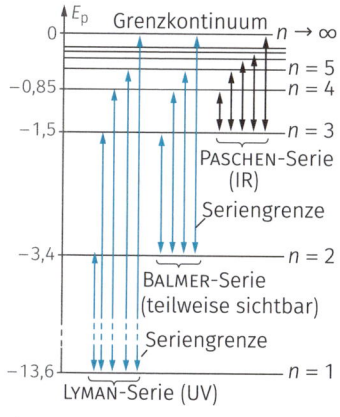

- Die Serien mit den gleichen Grundzuständen $n = 1$, $n = 2$, ... sind zu **Spektralserien** zusammengefasst.
- Die Differenz der Energieniveaus sinkt mit wachsendem *n*.
- Die benötigte Energie zum Ablösen eines Elektrons aus dem **Grundzustand** $n = 1$ wird **Ionisierungsenergie** genannt und beträgt für das Wasserstoffatom 13,6 eV.
- Die Energien der Übergänge zwischen den einzelnen Niveaus werden durch die Differenz derer Energien berechnet.

$$\Delta E_{n_1, n_2} = 13,6\,\text{eV} \cdot \left(\frac{1}{n_1^2} - \frac{1}{n_2^2} \right)$$

Die Wellenlängen der emittierten Photonen dieser Übergänge erhält man mit $\lambda = \dfrac{h \cdot c}{\Delta E} = \dfrac{h \cdot c}{13,6\,\text{eV} \cdot \left(\frac{1}{n_1^2} - \frac{1}{n_2^2} \right)}$.

Orbitale des Wasserstoffatoms

- Für jeden Anregungszustand n gibt es n^2 Lösungen der SCHRÖDINGER-Gleichung, also auch n^2 zugehörige Orbitale.

- Die Form und die räumliche Orientierung der Orbitale erfolgt durch drei **Quantenzahlen n, m und l**.
  - Die **Hauptquantenzahl n** bestimmt eindeutig die Energie E_n, die einem Orbital mit dieser Hauptquantenzahl zugeordnet ist. Sie kann die Werte **$n = 1, 2, 3, \ldots$** annehmen.
  - Die **Nebenquantenzahl l** (auch Bahndrehimpulsquantenzahl) kennzeichnet die Form des Orbitals, also beispielsweise kugel- oder hantelförmig (s, p, d, f) usw. Sie kann die Werte **$l = 0, 1, 2, \ldots, n - 1$** annehmen.
  - Die **Magnetquantenzahl m** beschreibt die Orbitale mit gleichem n und l nach der Orientierung im Raum (x, y, z). Sie kann die Werte **$-l, \ldots, -1, 0, 1, \ldots + l$** annehmen.

Beispiele: Orbitale	
Für $n = 1$ gibt es - mit $l = 0$ und $m = 0$ nur ein mögliches Orbital, nämlich ein kugelförmiges.	
Für $n = 2$ gibt es - mit $l = 0$ und $m = 0$ ein kugelförmiges und - mit $l = 1$ und $m = 0, 1, -1$ drei hantelförmige Orbitale, nämlich je eines in x-, in y- und in z-Richtung.	
Für $n = 3$ gibt es - mit $l = 0$ und $m = 0$ ein kugelförmiges, - mit $l = 1$ und $m = 0, 1, -1$ drei hantelförmige und - mit $l = 2$ und $m = 0, 1, -1, 2, -2$ fünf weitere Orbitale.	

Mehrelektronensysteme

* Alle chemischen Elemente, außer Wasserstoff, besitzen mehr als ein Elektron in der Atomhülle, die sich gegenseitig beeinflussen und so die Beschreibung der einzelnen Energieniveaus verkomplizieren.

* Aufgrund der Wechselwirkungen zwischen den Elektronen treten bei gleicher Hauptquantenzahl n geringfügig Energiedifferenzen und somit deutlich mehr Energieniveaus als bei Wasserstoff auf.

* Um die Atomspektren dieser Elemente richtig darzustellen, benötigt man eine weitere Quantenzahl, die **Spinquantenzahl s**. Sie kann die beiden Werte $s = +\frac{1}{2}$ und $s = -\frac{1}{2}$ annehmen und beschreibt die beiden Zustände, die ein Elektron in einem Orbital annehmen kann.

* Für jede gegebene Hauptquantenzahl n gibt es **$2\,n^2$ verschiedene Möglichkeiten** die anderen Quantenzahlen zuzuordnen.

* Das **PAULI-Prinzip** besagt, dass keine zwei Elektronen in einem Atom gleichzeitig in allen vier Quantenzahlen übereinstimmen kann. Aus dem PAULI-Prinzip folgt die Tatsache, dass jedes Orbital mit maximal zwei Elektronen besetzt werden kann. Die maximale Anzahl der Elektronen, die für eine gegebene Hauptquantenzahl n alle möglichen Zustände besetzen können, beträgt also ebenfalls $2\,n^2$.

* In Mehrelektronensystemen erfolgt die Besetzung der Zustände im Energieniveauschema von unten her unter Beachtung des PAULI-Prinzips. Daraus ergibt sich der Aufbau des **Periodensystems der Elemente (PSE)**.
   - Die Elemente sind im PSE nach der **Ordnungszahl** von links oben nach rechts unten angeordnet, die der **Kernladungszahl Z** (Anzahl der Protonen im Kern) und der Anzahl der Elektronen in der Atomhülle entspricht.
   - In den jeweiligen Spalten stehen Elemente, die ähnliche **chemische Eigenschaften** besitzen.
   - Elemente mit gleicher Hauptquantenzahl n werden in waagrechten Zeilen zu **Perioden** (Schalen) geordnet. Diese können mit maximal $2\,n^2$ Elektronen besetzt werden.
   - In senkrechten Spalten sind die Elemente nach **Haupt-** und **Nebengruppen** sortiert, d.h. bestimmte Schalen und Unterschalen sind gleich besetzt. Die Elemente einer Hauptgruppe stimmen in der Anzahl ihrer **Valenzelektronen** (Elektronen in den äußeren Orbitalen eines Atoms) überein.

Experimentelle Befunde und Anwendungen zum quantenphysikalischen Atommodell

Der FRANCK-HERTZ-Versuch

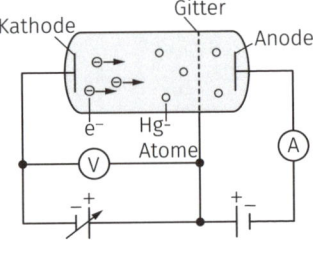

- In einer evakuierten, geringfügig mit Quecksilberatomen gefüllten Röhre werden aus einer Glühkathode Elektronen emittiert.

- Durch eine regulierbare Spannung zwischen der Kathode und einem Gitter werden die Elektronen beschleunigt, bevor sie nach dem Passieren des Gitters in ein Gegenfeld gelangen.

- Durch die variable Beschleunigungsspannung wird die kinetische Energie (Geschwindigkeit) der Elektronen verändert.
Nur Elektronen mit einer bestimmten kinetischen Energie gelangen durch das Gegenfeld zur Anode, deren Anzahl anhand eines Stromes zwischen Kathode und Anode bestimmt wird.

Erklärung

Die Beschleunigungsspannung wird nachfolgend langsam erhöht.

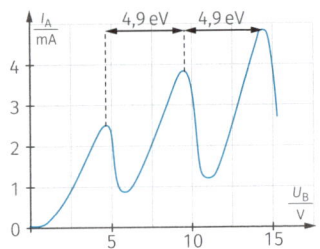

- Die Stromstärke steigt an und sinkt bei einer gewissen Spannung stark ab. Nur noch wenige Elektronen erreichen die Anode.

- Anschließend steigt die Stromstärke zunächst wieder an, bevor sie wieder deutlich abfällt, usw.

- Der Stromfluss ist immer dann maximal, wenn die Beschleunigungsspannung um 4,9 eV erhöht wird (siehe Grafik).

Auf dem Weg zur Anode stoßen die Elektronen mit den Quecksilber-Atomen zusammen.

- Bei niedriger kinetischer Energie (Beschleunigungsspannung) erfolgen diese Stöße elastisch, die Elektronen geben dabei keine Energie ab und gelangen daher zur Anode.

- Beim Erreichen einer bestimmten kinetischen Energie stoßen die Elektronen inelastisch, geben dabei ihre Energie an die Quecksilberatome ab und gelangen nicht mehr zur Anode.

- Bei weiterer Steigerung der Beschleunigungsspannung vergrößert sich die kinetische Energie wieder, bis die für die inelastischen Stöße benötigte Energie wieder erreicht ist, usw.

- Die Elektronen können mehrfach ihre Energie an die Quecksilberatome abgeben. Nur wenn die kinetische Energie der Elektronen der Differenz zweier Energieniveaus der Atomhülle der Quecksilberatome entspricht, kann diese absorbiert werden.

- An Orten dieser Absorption vor dem Gitter bildet sich eine leuchtende Schicht aus UV-Licht (Photonen), die beim Zurückfallen der Elektronen in der Hülle der Quecksilberatome emittiert werden.

Röntgenstrahlung

- In einer evakuierten Röhre werden die von einer Glühkathode ausgelösten Elektronen mit Hochspannung ($U_B \geq 10\,\text{kV}$) zur Metallanode hin beschleunigt und beim Auftreffen stark abgebremst.

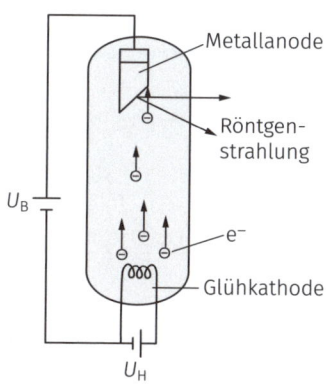

- Ein Teil ihrer kinetischen Energie wird in **Röntgenstrahlung** umgewandelt. Diese besteht aus Photonen mit Energien von 1 keV bis 250 keV.

- Der größte Teil ihrer Energie führt zur Erwärmung der Anode, weshalb sie gut gekühlt werden muss.

- Das Spektrum der Röntgenstrahlung besteht aus einem **Bremsspektrum** (kontinuierliches Spektrum) und einem **charakteristischen Spektrum** (Linienspektrum).

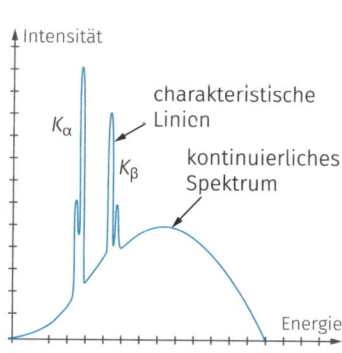

Bremsspektrum
- entsteht durch die starke Abbremsung der Elektronen beim Auftreffen auf die Anode
- endet bei der **Maximalenergie der Elektronen E_G (Grenzfrequenz)**, d.h. die gesamte Energie des Elektrons wird auf ein einziges Röntgenquant übertragen
  Es gilt: $\Delta E = e \cdot U_B = h \cdot f_G = h \cdot \frac{c}{\lambda_G}$

Charakteristisches Spektrum
- entsteht bei der Anregung des Anodenmaterials, bei der ein Hüllenelektron aus einer inneren, voll besetzten Schale $(n = 1)$ eines Atoms der Anode herausgestoßen wird
- bei Besetzung dieser Lücke durch ein äußeres Elektron der Hülle wird ein Röntgenquant abgegeben.
  K_α-**Linie**: Lücke wird durch Elektron aus $n = 2$ aufgefüllt
  K_β-**Linie**: Lücke wird durch Elektron aus $n = 3$ aufgefüllt
- ist charakteristisch für das Anodenmaterial

Beispielaufgabe: Grenzfrequenz Röntgenquant

Ermitteln Sie die Grenzfrequenz und die Grenzwellenlänge der Strahlung einer Röntgenröhre, die mit 50 keV betrieben wird.

Lösung:
Aus $e \cdot U_B = h \cdot f_G$ folgt

$$f_G = e \cdot \frac{U_B}{h} = \frac{1{,}602 \cdot 10^{-19}\,\text{C} \cdot 5 \cdot 10^4\,\text{V}}{6{,}626 \cdot 10^{-34}\,\text{Js}} = 1{,}21 \cdot 10^{19}\,\text{Hz}$$

und mit $\lambda_G = h \cdot \frac{c}{f_G} = \frac{3 \cdot 10^8\,\frac{\text{m}}{\text{s}}}{1{,}21 \cdot 10^{19}\,\text{Hz}} = 2{,}5 \cdot 10^{-11}\,\text{m} = 25\,\text{pm}$

- Das **MOSELEY'sche Gesetz** beschreibt die Abhängigkeit der **Energie des Röntgenquants E_{K_α}**, das beim K_α-Übergang emittiert wird, von der Kernladungszahl Z des betrachteten Elements.

$$E_{K_\alpha} = \frac{3 R \cdot h \cdot c}{4} \cdot (Z - 1)^2$$

BESTIMMUNG DES ANODENMATERIALS

Mithilfe des MOSELEY'schen Gesetzes kann im Röntgenemissionsspektrum ein Anodenmaterial über seine Kernladungszahl Z bestimmt werden.

Beispielaufgabe: Energie K_α-Übergang

Berechnen Sie für Kupfer die Energie des Röntgenquants für den Übergang $n = 2$ auf $n = 1$.

Lösung:

Dieser Übergang ist der K_α-Übergang und die Energie des gesuchten Röntgenphotons berechnet sich zu:

$$E_{K_\alpha} = \frac{3\,R \cdot h \cdot c}{4} \cdot (Z - 1)^2$$

$$E_{K_\alpha} = \frac{3 \cdot 1{,}097 \cdot 10^7 \frac{1}{m} \cdot 6{,}626 \cdot 10^{-34}\,\text{Js} \cdot 3 \cdot 10^8 \frac{m}{s}}{4} \cdot (29 - 1)^2 = 8{,}0\,\text{keV}$$

KRISTALLE FÜR RÖNTGENBEUGUNG

Aufgrund der kleinen Wellenlänge eignen sich Kristalle zur Beugung von Röntgenstrahlung, da die Gitterbausteine in der richtigen Größenordnung liegen.

Mithilfe der **BRAGG-Beziehung** kann man bei der **Röntgenstrukturanalyse** den Gitterebenabstand eines Kristalls und so dessen atomaren Aufbau bestimmen.

Mit den Winkeln aus dem Beugungsmuster, unter denen die Beugungsmaxima auftreten, ist es möglich, sich die Geometrie eines Kristalls vollständig zu erschließen.

Umgekehrt kann man bei Streuung von Röntgenstrahlung an einem Kristall, dessen atomarer Aufbau bekannt ist, die Wellenlänge der verwendeten Röntgenphotonen bestimmen.

EIN ATOMMODELL DER QUANTENPHYSIK — Checkliste

Das sollten Sie jetzt sicher beherrschen:

→ der Aufbau des Atoms aus Atomhülle und Atomkern und die zugehörigen Daten und Ergebnisse der wichtigsten Experimente (Ölfleckversuch, Streuversuch von RUTHERFORD)

→ der Aufbau eines Energieniveauschemas

→ die Vorgänge in der Atomhülle bei der Emission und Absorption von Photonen und die zugehörigen Energiebilanzen für die Berechnung der Frequenzen der Photonen

→ die Entstehung von Emissionsspektren (kontinuierliches und Linienspektrum) und Absorptionsspektren unterschiedlicher Elemente

→ die Modellvorstellung des eindimensionalen, unendlich hohen Potentialtopfes der Breite L, die zugehörigen Eigenfunktionen der Elektronen und deren Dichteverteilungen im Topf und die Berechnung der Energien dieser Elektronen in den unterschiedlichen Zuständen

→ die Modellvorstellung des eindimensionalen, endlich hohen Potentialtopfes der Breite L mit endlich hohen Wänden, die nun geltenden Randbedingungen für die Eigenfunktionen der Elektronen und deren Aufenthaltswahrscheinlichkeiten im Topf und außerhalb

→ der Tunneleffekt

→ der dreidimensionale Potentialtopf und die Orbitale als räumliche Dichteverteilungen der Elektronen um den Atomkern

→ das Energieniveauschema von Wasserstoff und die zughörigen Spektralserien, Berechnung der Energiewerte für die unterschiedlichen Niveaus, deren Energieübergange und der Wellenlängen zugehöriger Photonen

→ die Quantenzahlen n, m und l im Wasserstoff, deren Deutung, Kombinationsmöglichkeiten und die zugeordneten Orbitale

→ die Spinquantenzahl s, das PAULI-Prinzip und die Anzahl der möglichen Zustände in Mehrelektronensystemen

→ die Systematik zum Aufbau des Periodensystems der Elemente

→ FRANCK-HERTZ-Versuch und die Deutung seiner Ergebnisse

→ Erzeugung von Röntgenstrahlung und das Spektrum der Röntgenstrahlung

→ das MOSELEY'sche Gesetz und seine Anwendung

Standardmodell der Teilchenphysik

- **Elementarteilchen** sind Teilchen, die nicht mehr aus kleineren Bausteinen aufgebaut sind. Streuexperimente (RUTHERFORD, STANFORD, Beschleuniger wie LHC, dem „Large Hadron Collider", ein unterirdischer Teilchenbeschleuniger von CERN bei Genf) dienen zu Untersuchungen der Unteilbarkeit dieser Teilchen.

- Es wird zwischen vier grundlegenden **Kräften oder Wechselwirkungen (WW)** unterschieden, die auf unterschiedliche Eigenschaften der Teilchen wirken. Eine Kraft wirkt durch den Austausch von **Wechselwirkungsteilchen** (Austauschteilchen).

	Teilchen-eigenschaft	Wechselwir-kungsteilchen	Reichweite
Gravitation	Masse	(Graviton?)	unendlich
elektro-magnetische Wechselwirkung	elektrische Ladung	Photon	unendlich
schwache Wechselwirkung	schwache Ladung	schwache Vektorbosonen	$< 10^{-18}$ m
starke Wechselwirkung	Farbladung	Gluonen	$< 10^{-15}$ m

- Das aktuell gültige **Standardmodell der Teilchenphysik** ordnet alle bekannten Elementarteilchen und beschreibt alle Wechselwirkungen der Teilchen untereinander.

- Zu jedem Elementarteilchen existiert ein **Antiteilchen**. Sie stimmen in der Masse überein, unterscheiden sich aber im Vorzeichen ihrer Ladung oder einer anderen Teilcheneigenschaft (z. B. Elektron e mit einfach negativer und Positron $\bar{e}$ mit einfach positiver Ladung)

- Es existieren sechs verschieden **Quarks**, geordnet nach steigender Masse in drei Generationen. Quarks sind die einzigen Teilchen, die aufgrund **Farbladung** (rot, blau, grün), der starken Wechselwirkung unterliegen. Aus Quarks aufgebaute Teilchen sind nach außen farblos (weiß). Die starke Wechselwirkung ist so stark, dass keine freien Quarks existieren und durch **Paarerzeugung** weitere Quark-Antiquark-Paare entstehen.

Quark	u	d	s	c	b	t
elektrische Ladung	$+\frac{2}{3}e$	$-\frac{1}{3}e$	$-\frac{1}{3}e$	$+\frac{2}{3}e$	$-\frac{1}{3}e$	$+\frac{2}{3}e$
Masse in $\frac{GeV}{c^2}$	0,003	0,06	0,1	1,3	4,3	175

- **Hadronen** setzen sich aus Quarks zusammen. Man unterscheidet sie zu **Baryonen** (aufgebaut aus drei Quarks: z.B. Protonen (uud), Neutronen (udd)) und **Mesonen** (bestehend aus Quark-Antiquark-Paar: z.B. Pionen (u$\overline{d}$)).
- **Leptonen** sind die Elementarteilchen, die nicht der starken WW unterliegen.

Quarks	Leptonen	
1. Generation		
up-Quark (u) down-Quark (d)	Elektron (e)	Elektron-Neutrino (ν_e)
2. Generation		
charm-Quark (c) strange-Quark (s)	Myon (μ)	Myon-Neutrino (ν_μ)
3. Generation		
top-Quark (t) bottom-Quark (b)	Tau (τ)	Tau-Neutrino (ν_τ)
starke, elektromagnetische und schwache Wechselwirkung	**elektromagnetische und schwache Wechselwirkung**	**schwache Wechselwirkung**

- Die Quarks und die Leptonen sind die **Urbausteine der Materie**.
- Quarks kommen in der Natur nur in den Kombinationen vor, bei denen sich ein ganzzahliges Vielfaches der Elementarladung ergibt.

STRUKTUR DER MATERIE   Checkliste

Das sollten Sie jetzt sicher beherrschen:
→ die Definition von Elementarteilchen
→ die 4 grundlegenden Wechselwirkungen und die Teilcheneigenschaften auf die sie wirken, deren Austauschteilchen und Reichweite
→ die 6 Arten von Quarks und deren Eigenschaften
→ das Standardmodell der Teilchenphysik mit der Einteilung in die drei Generationen, der wirkenden Wechselwirkungen und den zugehörigen Antiteilchen
→ Einteilung der Elementarteilchen in Leptonen und Hadronen (Mesonen und Baryonen)

EIN KERNMODELL DER QUANTENPHYSIK

Atomkerne, Massendefekt und Kernbindungsenergie

- Die **Anzahl der Protonen** in einem Atomkern wird als **Kernladungszahl Z** bezeichnet und ist gleich der Ordnungszahl des Atoms im Periodensystem.

- Die **Massenzahl A (Nukleonenzahl)** eines Atomkerns ist gleich der Summe der **Protonenzahl Z** und der **Neutronenzahl N**.
  $$A = Z + N$$

- Ein **Nuklid** ist ein Atomkern, der eindeutig durch seine Massen- und Kernladungszahl festgelegt ist. Symbolschreibweise: $^A_Z X$; beispielsweise $^{14}_6 C$ – Kohlenstoff mit 6 Protonen und 8 Neutronen im Kern.

- Der Aufbau des Atomkerns wird durch das **Tröpfchenmodell** gut genähert (Protonen und Neutronen dicht gepackt).

- Atomkerne mit gleicher Protonen-, aber unterschiedlicher Neutronenzahl werden **Isotope** genannt.

- Die **starke Kernkraft** hält die Nukleonen zusammen und ist die Ursache für die Stabilität der Atomkerne. Sie ist sehr kurzreichweitig und bewirkt daher nur eine Anziehung zwischen den unmittelbar benachbarten Nukleonen. Ihre Wirkung übersteigt die der elektrischen COULOMB-Abstoßung zwischen den Protonen.

Massendefekt

- Die **Masse eines Atomkerns m** ist stets kleiner als die Summe der Massen der einzelnen Bestandteile (Protonen m_p, Neutronen m_n). Diese Differenz wird als **Massendefekt Δm** bezeichnet und entspricht nach der EINSTEIN'schen Beziehung $E = m \cdot c^2$ einem Energieäquivalent, der **Bindungsenergie E_B**.
  $$\Delta m = m - \left(Z \cdot m_p + (A - Z) \cdot m_n \right)$$

- Die **Bindungsenergie** ist für die Atomkerne verschiedener Elemente aufgrund der abweichenden Nukleonenanzahl unterschiedlich.

Beispiele Massendefekt

Ein Heliumkern besteht aus 2 Protonen und 2 Neutronen.

$2 \cdot m_p = 2 \cdot 1,007\,276\,u = 3,34524 \cdot 10^{-27}\,kg$

$2 \cdot m_n = 2 \cdot 1,008\,665\,u = 3,34986 \cdot 10^{-27}\,kg$

Gesamtmasse: $m = 2 \cdot m_p + 2 \cdot m_n = 6,69510 \cdot 10^{-27}\,kg$

Durch Massenspektroskopie erhält man die Atommasse eines Heliumkerns von $6,6447 \cdot 10^{-27}\,kg$, also liegt ein Massendefekt von $\Delta m = 0,0504 \cdot 10^{-27}\,kg$ vor.

Dieser Massendefekt entspricht einem Energieäquivalent (Bindungsenergie) von

$E = \Delta m \cdot c^2 = 0,0504 \cdot 10^{-27}\,kg \cdot \left(3 \cdot 10^8 \frac{m}{s}\right)^2 = 4,536 \cdot 10^{-12}\,J$ oder

$E = 28,3\,MeV = E_B \Rightarrow \frac{E_B}{A} = \frac{28,3\,MeV}{4} = 7,08\,MeV$

- Für einen besseren Vergleich und Darstellung der Bindungsenergien verschiedener Elemente wird die **mittlere Bindungsenergie pro Nukleon** verwendet. Diese ergibt sich aus der Bindungsenergie des Nuklids E_B und der Massenzahl A: $\frac{E_B}{A}$.

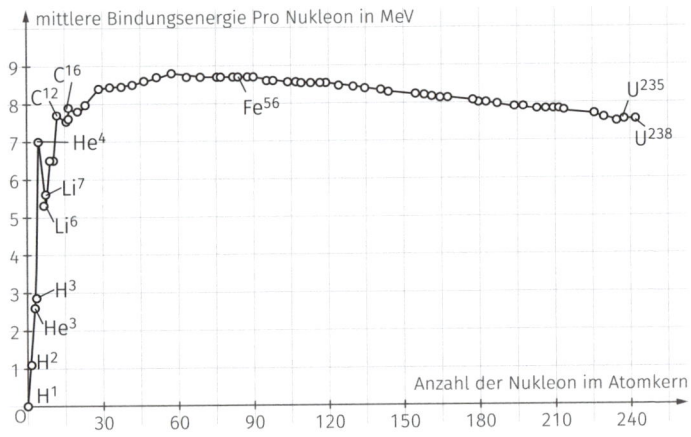

- Für leichte Elemente ist $\frac{E_B}{A}$ klein, steigt aber schnell bis zu einem **Maximum bei Nickel** (stabilster Atomkern: $A = 62$) an und sinkt dann in Richtung der schweren Elemente wieder ab (erklärbar mit dem Tröpfchenmodell und der Anzahl der unmittelbar benachbarten Nukleonen).

- Energiefreisetzung kann nur stattfinden, wenn $\frac{E_B}{A}$ bei den Endkernen größer ist als bei den Ausgangskernen. Das ist bei der **Kernfusion leichter Kerne** und bei der **Kernspaltung schwerer Kerne** der Fall.

Beispiel Kernspaltung von Uran

Die Reaktionsgleichung für den Kernzerfall lautet:

$${}^{1}_{0}n + {}^{235}_{92}U \rightarrow {}^{236}_{92}U \rightarrow {}^{144}_{56}Ba + {}^{89}_{36}Kr + 3 \cdot {}^{1}_{0}n$$

Für die Ausgangsmasse erhält man:

$m_n + m_{U-235} = 1,008\,665\,u + 235,043\,923\,u = 236,052\,588\,u$

Für die Masse der Endprodukte ergibt sich:

$m_{Ba-144} + m_{Kr-89} + 3 \cdot m_n$

$= 143,922\,941\,u + 88,917\,633\,u + 1,008\,665\,u = 235,866\,569\,u$

Daraus ergibt sich ein Massendefekt von

$\Delta m = 0,186\,019\,u$

und einen Energiewert von

$E = \Delta m \cdot c^2 = 0,186\,091 \cdot 1,660\,540 \cdot 10^{-27}\,kg \cdot \left(3 \cdot 10^8 \frac{m}{s}\right)^2$

$= 2,781\,104 \cdot 10^{-11}\,J = 173,6\,MeV.$

Das ist die Energie, die bei der Spaltung eines Urankerns freigesetzt wird.

Das Potentialtopfmodell

- Da die Bindungsenergie (starke Kernkraft) für alle Nukleonen im Kern gleich ist (Dichte nahezu konstant), kann man sich das energetische Potential kastenförmig vorstellen, das **Potentialtopfmodell**.

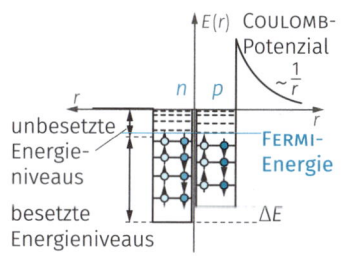

- Die **Tiefe des Potentialtopfes** ist ein Maß für die Stärke der Bindungsenergie.

- Neutronen und Protonen existieren in **getrennten Potentialtöpfen**.

- Auf Protonen und Neutronen wirken im Topf **die starke und die schwache Wechselwirkung**. Auf die Protonen wirkt zusätzlich noch die **COULOMB-Abstoßung** der Protonen, die der Kernkraft entgegenwirkt. Daher ist der Topf der Neutronen auch tiefer als der Protonentopf. Da die COULOMB-Kraft auch noch außerhalb des Topfes abstoßend auf die Protonen wirkt, muss der Potentialtopf der Protonen durch einen **Potentialwall (COULOMB-Wall)** ergänzt werden.

* Das Verhalten der Nukleonen im Topf wird durch **Wellenfunktionen** beschrieben und die **Energieniveaus sind diskret**.

* Für die Belegung der Energieniveaus gilt das **PAULI-Prinzip**, also befinden sich auf jedem Niveau maximal zwei Protonen oder Neutronen.

* Die Energiegrenze, bei der Protonen und Neutronen bis zur gleichen Energie aufgefüllt sind, heißt **FERMI-Energie**. Bei einem **stabilen Kern** sind alle Energiezustände genau bis zur Fermienergie besetzt.

β-Strahlung

* Bei **β-Strahlung** ist eine Teilchenstrahlung aus sehr schnellen Elektronen (**β⁻-Strahlung**) oder Positronen (**β⁺-Strahlung**).

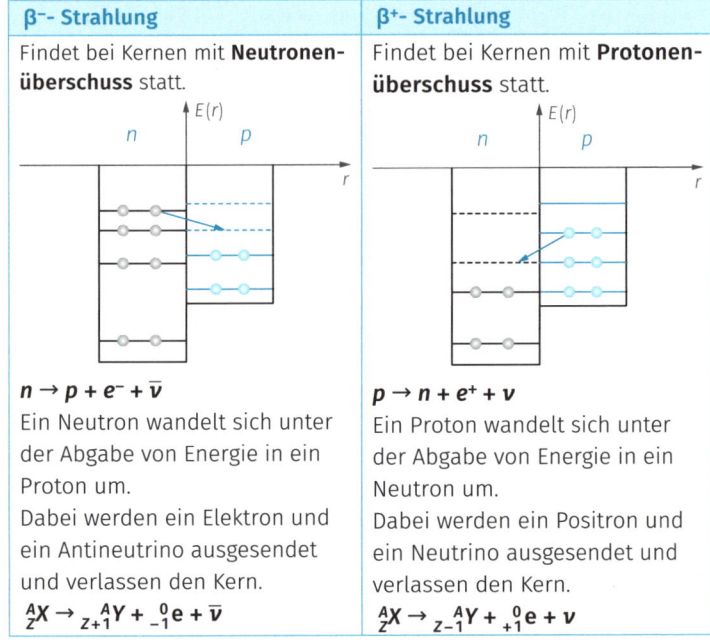

β⁻- Strahlung	β⁺- Strahlung
Findet bei Kernen mit **Neutronenüberschuss** statt.	Findet bei Kernen mit **Protonenüberschuss** statt.
$n \rightarrow p + e^- + \bar{\nu}$	$p \rightarrow n + e^+ + \nu$
Ein Neutron wandelt sich unter der Abgabe von Energie in ein Proton um. Dabei werden ein Elektron und ein Antineutrino ausgesendet und verlassen den Kern. $^{A}_{Z}X \rightarrow ^{A}_{Z+1}Y + ^{0}_{-1}e + \bar{\nu}$	Ein Proton wandelt sich unter der Abgabe von Energie in ein Neutron um. Dabei werden ein Positron und ein Neutrino ausgesendet und verlassen den Kern. $^{A}_{Z}X \rightarrow ^{A}_{Z-1}Y + ^{0}_{+1}e + \nu$

γ-Strahlung

* **Gamma-Strahlung** ist eine elektromagnetische, energiereiche Strahlung, deren Abstrahlung in Form von **γ-Quanten** erfolgt.

  $^{A}_{Z}X^{*} \rightarrow {}^{A}_{Z}X + \gamma$

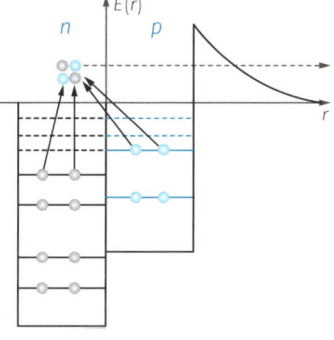

* Bei der Abstrahlung verändert sich der **Energiezustand** des Kerns, ohne dass sich der Kern umwandelt.

* Ein Proton besetzt im Kern ein Niveau oberhalb der Fermienergie und geht unter der Aussendung eines γ-Quants in einen niedrigeren Zustand über, für den Fall, dass ein niedrigeres Energieniveau nicht vollständig besetzt ist.

* Ausgesendete γ-Quanten besitzen für das jeweilige Nuklid **charakteristische Energien** aufgrund der diskreten Energieniveaus im Kern (wird in der Gammaspektroskopie genutzt).

α-Strahlung

* Die **α-Strahlung** ist eine Teilchenstrahlung aus doppelt positiv geladenen **Heliumkernen**.

  $^{A}_{Z}X \rightarrow {}^{A-4}_{Z-2}Y + {}^{4}_{2}\alpha$

* Zwei Protonen und zwei Neutronen bilden in einem schweren Kern ein α-Teilchen unter Abgabe von Energie. Die Bindungsenergie des α-Teilchens liegt oberhalb des Topfrandes, aber noch unterhalb des Potentialwalls.

  Das α-Teilchen kann den Kern nur unter Nutzung des Tunneleffekts verlassen.

Stabilität von Atomkernen

🖛 Anhand der **Nuklidkarte** wird deutlich, dass die Anzahl der instabilen Kerne deutlich größer ist als die der stabilen Kerne.

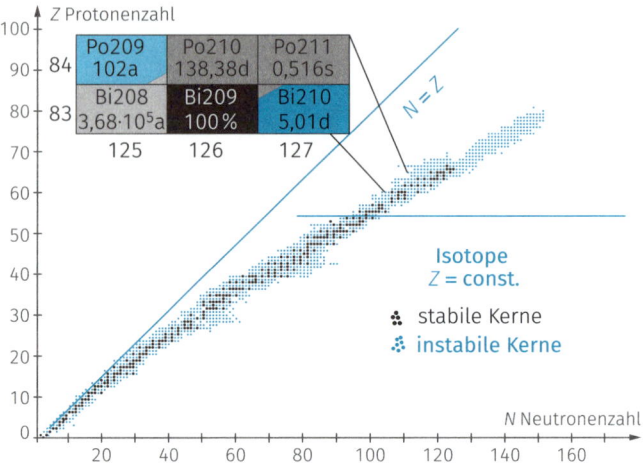

🖛 Die **Anzahl der stabilen Nuklide** steigt bei den leichten Kernen mit der Massenzahl A und damit mit der wirkenden Kernkraft.

🖛 Je **größer die Ordnungszahl Z** der Elemente ist, desto mehr **vergrößert sich die Neutronenanzahl** in den Nukliden gegenüber der Protonenzahl (Ausgleich der stärkeren und weitreichenden COULOMB-Abstoßung zwischen den Protonen im Kern durch viele Neutronen nötig). Bei schweren Kernen sinkt die Stabilität mit A.

Radioaktivität und Kernreaktionen

Unter **Radioaktivität** versteht man die spontane Veränderung von instabilen Atomkernen unter Abgabe radioaktiver Strahlung (nicht zwingend Kernumwandlung, siehe γ-Strahlung).

Strahlungsarten

* Radioaktive Strahlung ist ein **Energieträger** (Schwärzen von Filmen, Ionisierung von Gasen, Veränderung biologischer Zellen).
  Daher ist es durch geeignete Experimente möglich, diese Strahlung **(Nebelkammer, GEIGER-MÜLLER-Zählrohr, Dosimeter)** nachzuweisen.

* Radioaktive Strahlung kann Materie durchdringen und wird dabei teilweise oder vollständig absorbiert.
  - **α-Strahlung** besitzt in Luft eine Reichweite von nur einigen Zentimetern (aufgrund ihres hohen Ionisationsvermögens) und kann bereits durch ein Blatt Papier abgeschirmt werden (sehr großes Teilchen).
    α-Strahlung besitzt diskrete Energien von 1 bis 10 MeV.
  - **β-Strahlung** besitzt in Luft eine Reichweite von einigen Metern und kann durch eine dünne Metallschicht (einige mm) abgeschirmt werden.
    β-Strahlung besitzt stets ein kontinuierliches Spektrum mit einer maximalen Energie von etwa 1 MeV.
  - **γ-Strahlung** besitzt in Luft eine Reichweite von mehreren 100 Metern und zur Abschirmung wird eine Bleischicht von einigen Zentimetern benötigt.
    γ-Strahlung, in Form von Wellenpaketen, besitzt ebenfalls diskrete Energien von etwa 1 MeV.

* α-und β-Strahlung können aufgrund ihrer elektrischen Ladung **durch elektrische und magnetische Felder** (LORENTZ-Kraft) **abgelenkt** werden.

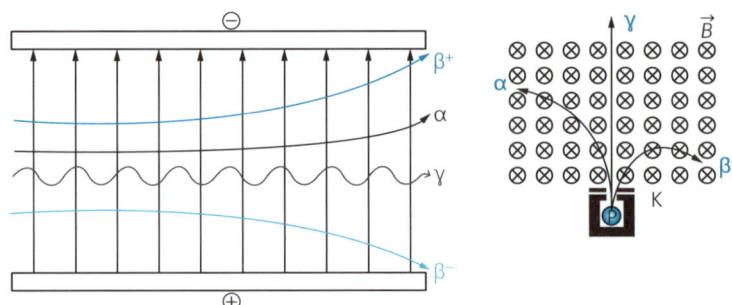

- Bei vielen natürlichen radioaktiven Nukliden sind die entstehenden Tochterkerne selbst wieder radioaktiv. Es gibt **vier Zerfallsreihen**, die bei einem bestimmten Nuklid beginnen und nach einigen Zerfällen bei einem stabilen Nuklid enden.

Zerfallsreihe	Ausgangsnuklid	Endnuklid
Thorium-Reihe	Th-232 $(A = 4\,n)$	Pb-208
Uran-Actinium-Reihe	U-238 $(A = 4\,n - 1)$	Pb-207
Uran-Radium-Reihe	U-235 $(A = 4\,n - 2)$	Pb-206
Neptunium-Reihe (existiert nicht mehr)	Pu-241 $(A = 4\,n - 3)$	Bi-209

Das Zerfallsgesetz

- Die **Halbwertszeit $T_{1/2}$** gibt an, in welcher Zeit jeweils die Hälfte der vorhandenen instabilen Nuklide zerfällt. Jedes Radionuklid hat eine charakteristische Halbwertszeit.

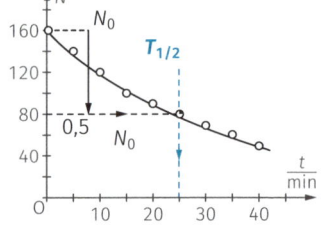

- Die **Zahl $N(t)$** von ursprünglich N_0 **vorhandenen instabilen Kernen**, die nach der Zeit t noch nicht zerfallen sind, nimmt exponentiell mit der Zeit t ab.

$$N(t) = N_0 \cdot e^{-\lambda t} \quad \text{mit } \lambda = \frac{\ln 2}{T_{1/2}}$$

Die **Zerfallskonstante λ** beschreibt, wie schnell sich die **Impulsrate** (Anzahl der registrierten Strahlungspartikel pro Zeit) ändert. Ein großes λ bedeutet dabei einen schnellen Zerfall.

- Die **Aktivität A** einer Strahlungsquelle gibt an, wie viele Kerne ΔN in einem Zeitintervall Δt unter Abgabe von Strahlung zerfallen.

$$A(t) = -\frac{\Delta N(t)}{\Delta t} = A_0 \cdot e^{-\lambda t} = \lambda \cdot N(t) \qquad [A] = 1\frac{1}{s} = 1\,\text{Bq (Bequerel)}$$

Beispielaufgabe: Radioaktiver Zerfall

Ermitteln Sie nach welcher Zeit die Aktivität einer bestimmten Menge Radium Ra-226 $\left(T_{1/2} = 1600\,a\right)$ auf 10 % abgenommen hat.

Lösung:
Mit $N(t) = N_0 \cdot e^{-\lambda t}$ und $N(t) = 0{,}1 \cdot N_0$ erhält man:

$$0{,}1 = e^{-\lambda t} \rightarrow t = -\frac{\ln 0{,}1}{\lambda} = -\frac{\ln 0{,}1}{1{,}3737 \cdot 10^{-11}\frac{1}{s}} = 1{,}676 \cdot 10^{11}\,s \approx 5315\,a$$

Altersbestimmung

* Mithilfe der **C-14-Methode (Radiokarbonmethode)** kann das Alter von **organischen Überresten** bestimmt werden.
  - Der radioaktive Kohlenstoff entsteht in der Luft durch Kernumwandlungen von Stickstoff bei Neutronenbeschuss der Höhenstrahlung.
  - Alle Lebewesen nehmen dieses C-14-Isotop durch die Nahrung auf und halten so ein konstantes Verhältnis von C-14 und C-12.
  - Mit dem Tod des Lebewesens stoppt die Aufnahme und der C-14-Anteil nimmt exponentiell mit einer Halbwertszeit von 5730 Jahren ab.
  - Aus dem Mengenverhältnis der Kohlenstoffisotope kann auf das Alter eines organischen Überrests geschlossen werden.

Beispielaufgabe: Radioaktiver Zerfall

Beim Fund einer Mumie in Peru beträgt beträgt der C-14-Anteil nur noch 88,6 % des heutigen Anteils. Ermitteln Sie das Alter der Mumie.

Lösung:
Gegeben ist: $\frac{N(t)}{N_0} = 0{,}886$ und $T_{1/2} = 5730\,a$

Aus $N(t) = N_0 \cdot e^{-\lambda t}$ ergibt sich durch Umformung $\ln\frac{N_0}{N(t)} = \lambda \cdot t$ und

$$t = \frac{1}{\lambda} \cdot \ln\left(\frac{N_0}{N(t)}\right) = \frac{T_{1/2}}{\ln 2} \cdot \ln\left(\frac{N_0}{N(t)}\right) = \frac{5730\,a}{\ln(2)} \cdot \ln(1{,}1287) = 1000\,a$$

Die Mumie ist 1000 Jahre alt.

---

* Das **Alter anorganischer Stoffe** lässt sich auf der Grundlage der Uran-Radium-Zerfallsreihe mit der **Uran-Blei-Methode** abschätzen. Man geht davon aus, dass zu Beginn nur Uran U-238 in einem Mineral eingelagert wurde, das dann zu Blei Pb-208 zerfällt.
Aus dem Verhältnis von Uran zu Blei kann dann, mit bekannter Halbwertszeit, das Alter bestimmt werden.

Strahlenbelastung und Strahlenschutz

* Ionisierende Strahlung kann biologisch wirksame Strahlenbelastung und damit Schädigungen von Körperzellen hervorrufen.

* Zur näheren Analyse der Wirkung ionisierender Strahlung auf Lebewesen werden die Größen **Energiedosis** und **Äquivalentdosis** genutzt.

* Die **Energiedosis** D gibt an, wie viel Energie E eine bestimmte Masse m eines bestrahlten Stoffes durch die Bestrahlung aufnimmt.
$$D = \frac{E}{m} \qquad [D] = 1\,\frac{J}{kg} = 1\,Gy \quad \text{(Grey)}$$

* Die **Äquivalentdosis** H berücksichtigt die unterschiedliche biologische Wirkung der Strahlungsarten, indem die Energiedosis E mit einem **Qualitätsfaktor** Q (Bewertungsfaktor) multipliziert wird.
α-Strahlung: $Q = 20$,
β-Strahlung: $Q = 1$,
γ-Strahlung: $Q = 1$

* Um eine Strahlenbelastung so gering wie möglich zu halten, sollte man eine **Abschirmung** vornehmen, die **Aufnahme** vermeiden, die **Aufenthaltsdauer** minimieren und **Abstand** halten.

* Die Intensität der Strahlung sinkt mit dem Quadrat des Abstands r von der Strahlungsquelle: proportional zu $\frac{1}{r^2}$ (**Abstandgesetz**).

Kernreaktionen und Aspekte

* Beim Ablauf von Kernreaktionen bleiben die **Gesamtenergie**, der **Gesamtimpuls** (evtl. wird der Rückstoß des Tochterkerns berücksichtigt) und die **Summe der Massen-** und **Kernladungszahlen** stets erhalten.

* Energiedifferenzen (resultierend aus den Massendifferenzen) bei Kernreaktionen werden als **Q-Wert** oder **Q-Faktor** bezeichnet.
$$Q = (m_{vor} - m_{nach}) \cdot c^2$$
Ist $Q > 0$, wird Energie abgegeben.
Die Reaktion ist **exotherm**.
Ist $Q < 0$, muss Energie zugeführt werden.
Die Reaktion ist **endotherm**.

Die Kernspaltung

* Bei der **Kernspaltung** wird ein schwerer Kern unter Neutronenbeschuss in zwei leichtere Atomkerne zerlegt.
Dabei werden Energie ($Q > 0$) und schnelle Neutronen freigesetzt.
Damit kann die Kernspaltung unter geeigneten Umständen als **Kettenreaktion** ablaufen.

Beispielaufgabe: Kernspaltung

Bestimmen Sie die Energie, die bei der Spaltung von 1 kg Uran-236
frei wird. Reaktionsgleichung:
$$_{0}^{1}n + _{92}^{235}U \rightarrow _{92}^{236}U \rightarrow _{40}^{100}Zr + _{52}^{133}Te + 3 \cdot {}_{0}^{1}n$$

Lösung:

Die Massen der Nuklide kann man der Formelsammlung entnehmen.
Alternativ kann man aus der Formelsammlung auch die Atom-
massen der Nuklide verwenden. Nachfolgend wird mit den Nuklid-
massen gerechnet.
Der Q-Faktor berechnet sich aus:

$$Q = \left\{ m\left(_{92}^{236}U \right) - \left[m\left(_{40}^{100}Zr \right) + m\left(_{52}^{133}Te \right) + 3 \cdot m_n \right] \right\} \cdot c^2$$

$$Q = \{236{,}052\,59 - [99{,}958\,31 + 132{,}844\,76 + 3{,}025\,995]\} \cdot 931{,}5\,\text{MeV}$$

$$Q = 0{,}223\,525 \cdot 931{,}5\,\text{MeV} = 208{,}2\,\text{MeV} \quad \text{(Energie für einen Urankern)}$$

Für 1 kg Uran, also für

$$N = \frac{1\,\text{kg}}{236{,}052\,59 \cdot 1{,}660\,54 \cdot 10^{-27}\,\text{kg}} = 2{,}55 \cdot 10^{24} \text{ Kerne ergibt sich eine}$$

Energie von $208{,}2\,\text{MeV} \cdot 2{,}55 \cdot 10^{24} = 5{,}3 \cdot 10^{26}\,\text{MeV}$.

Kernkraftwerke

* Die meisten Kernkraftwerke sind **Druckwasserreaktoren**, die aus
der durch Uranspaltung gewonnenen Wärmeenergie über Turbinen
elektrische Energie erzeugen.

* In einem Kernkraftwerk soll die Kernspaltung kontrolliert ablaufen.
Dafür wird zunächst eine ausreichende Menge an spaltbarem Material
benötigt.
Die Mindestmasse bezeichnet man auch als kritische Masse.
Diese **kritische Masse** besteht zumeist aus angereichertem Uranoxid,
welches in Tablettenform in die **Brennstäbe** eingebracht wird.

* Bei jeder Kernspaltung (z. B. Spaltung von Uran) werden im Mittel 2 bis
3 schnelle Neutronen freigesetzt. Nur langsame, sogenannte **thermi-

sche Neutronen, sind in der Lage, erneut eine Kernspaltung auslösen. Daher müssen die schnellen Neutronen abgebremst werden.
Dies geschieht in einem Kernkraftwerk mithilfe sogenannter **Moderatoren**, meist schweres Wasser oder Graphit.

* Damit es keine unkontrollierbare Kettenreaktion von Kernspaltungen gibt, muss die Anzahl der verfügbaren, thermischen Neutronen gesteuert werden.
Dies geschieht mithilfe von **Absorbermaterialen**. Meist handelt es sich dabei um Regelstäbe aus Cadmium oder eine Borsäure, die der Kühlflüssigkeit beigemischt wird.
Die Regelstäbe können zwischen den Brennstäben rein- und rausgefahren werden. Je weiter die Regelstäbe zwischen die Brennstäbe hineingefahren werden, desto mehr Neutronen werden absorbiert.
Bei normalem Reaktorbetrieb soll der Multiplikationsfaktor etwa 1 sein, also: Nach jeder Kernspaltung soll nur ein thermisches Neutron für neue Spaltungen zur Verfügung stehen.

* Ein gewichtiges, noch ungelöstes Problem bildet bei dieser Art der Energiegewinnung die **Endlagerung** der noch radioaktiven Elemente (alte Brennstäbe, radioaktives Wasser aus den Kühlkreisläufen, ...).

Die Kernfusion

* Unter **Kernfusion** versteht man die Verschmelzung zweier leichter Kerne zu einem schweren Atomkern, wobei Energie freigesetzt wird ($Q > 0$). Dafür wird eine hohe Aktivierungsenergie benötigt, da COULOMB-Abstoßung wirkt.

* Energetisch betrachtet würden die Temperatur und der Druck **in der Sonne** nicht ausreichen, um diese Aktivierungsenergie aufzubringen. Durch den Tunneleffekt ist es dennoch möglich, die COULOMB-Abstoßung mit einer gewissen Wahrscheinlichkeit zu überwinden. So kann in der Sonne und anderen Sternen Kernfusion ablaufen.

* Im Inneren der Sonne findet die **Heliumsynthese** in mehreren Zwischenstufen statt. Vereinfacht dargestellt:
$$4 \cdot {}^1_1\text{H} \rightarrow {}^4_2\text{He} + 2 \cdot {}^0_1\text{e} + 2\,\nu + 26{,}731\,\text{MeV}$$

* Die theoretische Energieausbeute ist bei einer Kernfusion deutlich höher als bei einer Kernspaltung. Die technische Umsetzung gestaltet sich aus vielerlei Gründen sehr schwierig, z. B. Plasma erzeugen. (**Plasma** ist ein teilweise oder vollständig ionisiertes Gas, dessen Bestandteile u. a. positiv geladene Ionen und freie Elektronen sind.

Es ist elektrisch leitfähig und wird auch als vierter Aggregatzustand bezeichnet.)

Beispielaufgabe: Kernfusion

Bestimmen Sie die Energie, die bei der Fusion von 1 kg Helium frei wird. Reaktionsgleichung: $2 \cdot {}^1_0n + 2 \cdot {}^1_1p \rightarrow {}^4_2He$ ($\rightarrow$ Massendefekt)

Lösung:

$Q = \Delta m \cdot c^2 = \left(2\,m_n + 2\,m_p - m_{He}\right) \cdot c^2 = 28{,}3\,\text{MeV}$

Für 1 kg Helium, also für

$N = \dfrac{1\,\text{kg}}{4{,}001\,506 \cdot 1{,}660\,54 \cdot 10^{-27}\,\text{kg}} = 1{,}51 \cdot 10^{26}$ Kerne

ergibt sich eine Energie von $28{,}3\,\text{MeV} \cdot 1{,}51 \cdot 10^{26} = 4{,}26 \cdot 10^{27}\,\text{MeV}$.
(Beim aktuellen Stromverbrauch von 2019 würde diese Energie ausreichen, die „Wiesn" in München 67-mal mit Strom zu versorgen.)

EIN KERNMODELL DER QUANTENPHYSIK   Checkliste

Das sollten Sie jetzt sicher beherrschen:

→ der Aufbau eines Atomkerns (Tröpfchenmodell), seine Kenngrößen und Symbolschreibweise

→ der Massendefekt als Energieäquivalent für die Bindungsenergie

→ die mittlere Bindungsenergie pro Nukleon und ihr Einfluss auf Energiegewinnung bei Kernfusion und Kernspaltung

→ das Potentialtopfmodell des Atomkerns, sein Aufbau und seine Eigenschaften

→ der β-, der γ- und der α-Zerfall, zugehörige Reaktionsgleichungen und die Vorgänge im Atomkern

→ Kriterien für die Stabilität von Atomkernen

→ die Arten radioaktiver Strahlung, deren Eigenschaften und ihre Nachweismöglichkeiten

→ Arbeit mit der Nuklidkarte und die vier Zerfallsreihen

→ die Aktivität einer radioaktiven Quelle und Berechnungen mit dem Zerfallsgesetz

→ Altersbestimmungen organischer und anorganischer Stoffe

→ die Begriffe Energiedosis und Äquivalentdosis und Maßnahmen zum Strahlenschutz

→ die Kernspaltung und die Berechnung der dabei freigesetzten Energie und der Aufbau und die Funktionsweise eines Kernkraftwerks

→ die Kernfusion und die Berechnung der dabei freigesetzten Energie

13

ASTROPHYSIK

Orientierung am Himmel

NEUE LÄNGENEINHEITEN

(aufgrund der großen Entfernungen)

- **Astronomische Einheit AE**
  $1\,AE = 1{,}496 \cdot 10^8\,km$ (mittlerer Abstand Erde – Sonne)
- **Lichtjahr Lj**
  $1\,Lj = 9{,}4607 \cdot 10^{12}\,km$ (Weg des Lichtes in einem Jahr)

Koordinatensysteme

- Um die Erde herum nimmt man eine **scheinbare Himmelskugel** an.
  Den **Himmelsnordpol (HN)** und den **Himmelssüdpol (HS)** erhält man
  als Projektion der Erdpole an die scheinbare Himmelskugel.

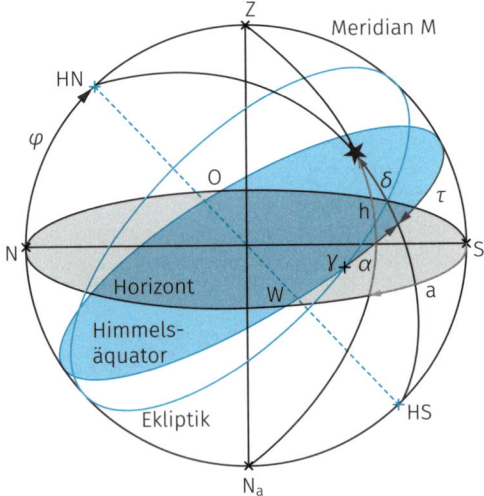

- Der Beobachter (Erde) steht im Zentrum der Darstellung in der **Horizontebene** (grau).
  Der **Zenit Z** befindet sich senkrecht über und der **Nadir N_a** senkrecht unter ihm.

- Der **Meridian M** ist der Großkreis durch S, Z, HN, N und HS.

- **Winkelabstände** der Gestirne werden entweder im **Bogenmaß** (Winkelgraden) oder im **Zeitmaß** (Stunden, Minuten) angegeben.

- Der **Frühlingspunkt γ** ist einer der beiden Schnittpunkte der Ekliptik mit dem Himmelsäquator.

Horiziontsystem

Ein Objekt erscheint dem Beobachter unter:
- dem **Azimutwinkel α**
  (von Süden aus nach Westen gemessen).
- einer **Höhe h**
  (Winkeldifferenz $90° - \varphi$ mit der geografischen Breite φ).

Äquatorialsystem

- **ruhendes Äquatorialsystem:**
  - **Deklination δ:** Winkel im Bogenmaß zwischen dem Himmelsäquator und dem Stern, positiv gemessen in nördliche Richtung
  - **Stundenwinkel τ:** Winkel in Zeitangaben zwischen dem Meridian und dem Stern

- **rotierendes Äquatorialsystem:**
  - **Rektaszension α:** Winkel in Zeitangaben zwischen dem Frühlingspunkt γ und dem Stern, gemessen in östlicher Richtung
  - **Deklination δ**

- **Kumulation eines Himmelskörpers**
  Die **Kumulation** bezeichnet die tägliche Lage eines Objekts auf seiner scheinbaren Kreisbahn am Himmel.
  Die **obere Kumulation** ($oK = \delta - \varphi + 90°$) ist der höchste und die **untere Kumulation** ($uK = \delta + \varphi - 90°$) ist der tiefste Punkt auf dieser Himmelsbahn.
  Zirkumpolarsterne sind Sterne, die immer sichtbar sind, deren untere Kumulation also stets oberhalb des Horizonts **(uK > 0°)** liegt.

Planeten

Aspekte der Planeten

Planeten innerhalb der Erdbahn (blau) bezeichnet man als **untere** und Planeten außerhalb der Erdbahn als **obere Planeten**.

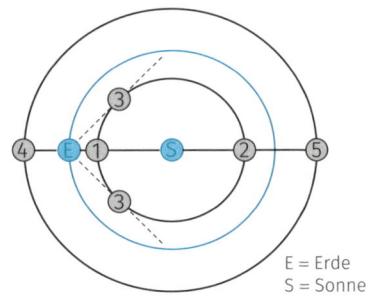

E = Erde
S = Sonne

* **Untere Planeten**
  1 – untere Konjunktion (nicht sichtbar)
  2 – obere Konjunktion (nicht sichtbar)
  3 – maximale Elongation (am besten sichtbar)

* **Obere Planeten**
  4 – Opposition (ganze Nacht sichtbar)
  5 – Konjunktion (nicht sichtbar)

Umlaufzeiten

* **Synodische Umlaufzeit T_{syn}**
  Zeitspanne zwischen zwei aufeinanderfolgenden gleichartigen Aspekten (Konjunktion, Opposition) bezüglich der Erde (messbar)

* **Siderische Umlaufzeit T_{sid}**
  wahre Umlaufdauer des Planeten um die Sonne bezüglich des Fixsternhimmels

* **Zusammenhang der Umlaufzeiten**
  $$\frac{1}{T_{sid}} = \frac{1}{T_E} \pm \frac{1}{T_{syn}}$$ („+" für untere und „–" für obere Planeten)
  T_E = siderische Umlaufzeit der Erde

* Um den **Durchmesser** (Radius) eines Planeten zu bestimmen, misst man den **scheinbaren Durchmesser**, also den **Winkel σ** unter dem die Planetenscheibe von der Erde aus erscheint.
  $$D = 2 \cdot R = 2 \cdot r \cdot \sin(0{,}5\,\sigma)$$

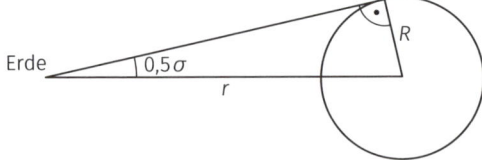

Erde
$0{,}5\sigma$
r
R

Bestimmung von Massen- und Bahnparametern

Eine **Ellipse** ist die Menge aller Punkte P einer Ebene, die zu zwei Brennpunkten F_1 und F_2 einen festen Abstand $2a$ haben.

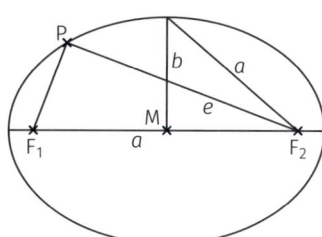

$$\overline{F_1P} + \overline{F_2P} = 2a$$

mit a, b = große und kleine Halbachse; e = lineare Exzentrizität

Im Brennpunkt F gilt: $b^2 + e^2 = a^2$

Numerische Exzentrizität: $\varepsilon = \dfrac{e}{a} = \dfrac{\sqrt{a^2 - b^2}}{a}$

KEPLER-Gesetze

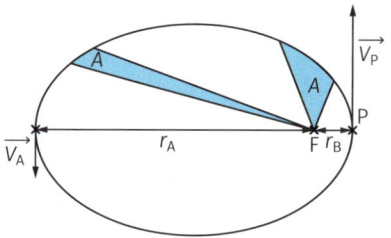

* Die Planeten bewegen sich auf Ellipsenbahnen um die Sonne, die in einem ihrer Brennpunkte steht **(Ellipsensatz)**.
  Die Entfernung zur Sonne schwankt im Jahresverlauf.
  Perihel P und **Aphel A** beschreiben den sonnennächsten und sonnenfernsten Punkt der Erdumlaufbahn.

* Die Verbindungsstrecke zwischen Planeten und Sonne überstreicht in gleichen Zeiten gleiche Flächen A **(Flächensatz)**.

* Die Quadrate der siderischen Umlaufzeiten der Planeten verhalten sich wie die dritten Potenzen der großen Halbachsen ihrer Umlaufbahnen.

$$\frac{T_1^2}{a_1^3} = \frac{T_2^2}{a_2^3} = \frac{T_3^2}{a_3^3} = \textbf{konstant}$$

Beispielaufgabe: Halbachse Jupiter

Die synodische Umlaufdauer des Planeten Jupiter beträgt 398,9 Tage. Berechnen Sie die große Halbachse der Jupiterbahn in AE.

Lösung:

$\dfrac{1}{T_{sid}} = \dfrac{1}{T_E} - \dfrac{1}{T_{syn}}$, da Jupiter ein oberer Planet ist

$\dfrac{1}{T_{sid}} = \dfrac{1}{365,25\,\text{d}} - \dfrac{1}{398,9\,\text{d}} = 2,3 \cdot 10^{-4}\,\dfrac{1}{\text{d}} \Rightarrow T_{sid} = 4329,81\,\text{d}$

$\dfrac{T_J^2}{a_J^3} = \dfrac{T_E^2}{a_E^3} \Rightarrow a_J = a_E \cdot \sqrt[3]{\left(\dfrac{T_J}{T_E}\right)^2} = 1\,\text{AE} \cdot \sqrt[3]{\left(\dfrac{4329,8\,\text{d}}{365,25\,\text{d}}\right)^2} \approx 5,2\,\text{AE}$

Gravitation

Zwei (alle) Körper ziehen sich **aufgrund ihrer Massen** gegenseitig an. Diese Gravitationskraft ist abhängig von den Massen der Körper m_1 und m_2 und ihrem Abstand r zueinander.

$$F = G \cdot \frac{m_1 \cdot m_2}{r^2}$$

mit der **Gravitationskonstante** $G = 6{,}6738 \cdot 10^{-11} \frac{m^3}{kg \cdot s^2}$

Allgemeine Form des 3. KEPLER'schen Gesetzes

Ein Himmelskörper kreist nicht um einen anderen, sondern beide kreisen um einen **gemeinsamen Schwerpunkt S**. Es wird angenommen, dass sich beide Massen unter dem Einfluss der Gravitationskraft auf **Kreisbahnen** bewegen.

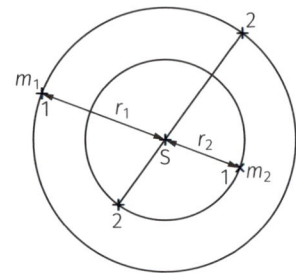

- Die **Zentralkraft** (Zentripetalkraft) ist bei beiden Massen gleich und für den Abstand beider Körper gilt: $r = r_1 + r_2$.

1; 2 = zwei verschiedene Zeitpunkte

- Mit dem Schwerpunktsatz
  $$m_1 \cdot r_1 = m_2 \cdot r_2$$
  folgt dann für die **allgemeine Form des 3. KEPLER-Gesetzes**
  $$\frac{T^2}{r^3} = \frac{4\pi^2}{G \cdot (m_1 + m_2)}$$
  Für den Fall, dass m_1 (Planet) **viel kleiner als die Masse m_2** (Zentralgestirn) ist, erhält man die einfache Form des **3. KEPLER-Gesetzes**.

ELLIPSENBAHNEN STATT KREISBAHNEN

Da die **Ellipsenbahnen** der Planeten nur wenig von Kreisbahnen abweichen, kann man die Formel der allgemeinen Form des 3. KEPLER'schen Gesetzes gut verwenden.

Für eine **sehr lang gestreckte Ellipse** (hohe numerische Exzentrizität) muss der Abstand $r = r_1 + r_2$ durch die **Summe $a = a_1 + a_2$ der großen Halbachsen** ersetzt werden.

Beispielaufgabe: Massenbestimmung Planeten

Der Marsmond Phobos umkreist den Mars in einer Entfernung von $r = 9{,}38 \cdot 10^3\,\text{km}$ von dessen Zentrum mit einer Umlaufdauer von $T = 0{,}319\,\text{d}$. Bestimmen Sie aus diesen Daten die Marsmasse in Kilogramm und als ein Vielfaches der Erdmasse.

Lösung:

Die Zentralkraft auf Phobos ist die Gravitationskraft zwischen Mars und Phobos. $F_Z = F_G \Rightarrow m_\text{p} \cdot \frac{4\pi^2}{T^2} \cdot r = G \cdot \frac{m_\text{p} \cdot m_\text{M}}{r^2}$

$$m_\text{M} = \frac{4\pi^2}{G} \cdot \frac{r^3}{T^2} = \frac{4\pi^2}{6{,}6738 \cdot 10^{-11}\,\frac{\text{m}^3}{\text{kg}\cdot\text{s}^2}} \cdot \frac{(9{,}38 \cdot 10^6\,\text{m})^3}{(0{,}319 \cdot 24 \cdot 3600\,\text{s})^2}$$

$$m_\text{M} = 6{,}4 \cdot 10^{23}\,\text{kg} = 0{,}11 \cdot m_\text{E}$$

Bewegungen im Gravitationsfeld

- Die **potentielle Energie** E_pot einer Masse m im Gravitationsfeld einer Masse M ist abhängig von den Massen und vom Abstand r von der Masse M.

$$E_\text{pot} = -G \cdot \frac{m \cdot M}{r}$$

- Für die **1. Kosmische Geschwindigkeit** v_1, also die minimale Kreisbahngeschwindigkeit (Satellit) um eine Masse M, ergibt sich mit dem Kraftansatz:

$$F_Z = F_G \Rightarrow m \cdot \frac{v^2}{r} = G \cdot \frac{m \cdot M}{r^2} \Rightarrow v_1 = \sqrt{G \cdot \frac{M}{r}}$$

Für die **1. Kosmische Geschwindigkeit der Erde** mit $M = m_\text{E}$ ergibt sich: $v_1 = 7{,}9\,\frac{\text{km}}{\text{s}}$.

- Die **Gesamtenergie** in einem beliebigen Punkt dieser **Kreisbahn:**

$$E_\text{ges} = E_\text{pot} + E_\text{kin} = \frac{1}{2} \cdot G \cdot \frac{m \cdot M}{r}$$

- Die **Gesamtenergie** in einem beliebigen Punkt auf einer **Ellipse** mit der großen Halbachse a folgt daraus zu:

$$E_\text{ges, Ellipse} = \frac{1}{2} \cdot G \cdot \frac{m \cdot M}{a}$$

- Die **veränderliche Geschwindigkeit** bei der Bewegung auf einer Ellipsenbahn mit M im Brennpunkt ergibt sich aus:

$$E_\text{kin} = E_\text{ges} - E_\text{pot} \Rightarrow \frac{m \cdot v^2}{2} = \frac{1}{2} \cdot G \cdot \frac{m \cdot M}{a} - G \cdot \frac{m \cdot M}{r} \text{ zu } v = \sqrt{G \cdot M \cdot \left(\frac{2}{r} - \frac{1}{a}\right)}$$

- Für den Fall, dass $M = m_\text{E}$ und $a \to \infty$, erhält man die **2. Kosmische Geschwindigkeit** v_2, also die Fluchtgeschwindigkeit von der Erde mit: $v_2 = 11{,}2\,\frac{\text{km}}{\text{s}}$.

Die Sonne

Aufbau der Sonne

* **1: Kern**
  (Fusionszone bei $T \approx 10^7$ K)

* **2: Strahlungszone**

* **3: Konvektionszone**

* **4: Photosphäre**
  (etwa 400 km dick,
  Temperatur 5500 °C)

* **5: Chronosphäre**
  (etwa 12 000 km dick,
  Entstehungsort der
  FRAUNHOFER'schen Linien)

* **6: Korona mit Koronastrahlen**
  (erstreckt sich weit ins All, verändert sich im Sonnenfleckenzyklus)

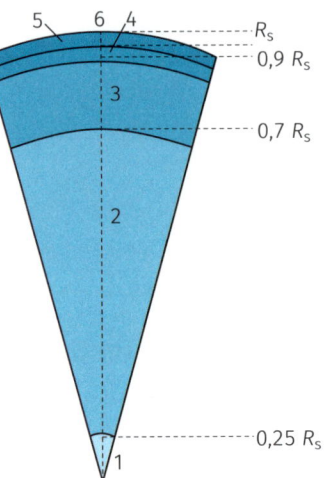

Energietransport

* Die im Kern erzeugte Energie wird in der **Strahlungszone (Plasma
  unter hohem Druck)** durch Absorption und Emission von Kern zu
  Kern übertragen (Dauer: etwa 10 Millionen Jahre).

* Die Energie wird anschließend in der Konvektionszone von **turbu-
  lenten Gasströmungen** nach außen transportiert. Dabei findet ein
  Austausch kühlerer und heißerer Materie statt – **Konvektion**.
  Dieser Prozess zeigt sich an der Oberfläche durch **Granulation** (körni-
  ge Struktur durch „Energieschläuche" nach außen).

Atmosphärenschichten

In den nachfolgenden **Atmosphärenschichten** wird die Energie bzw.
Materie abgestrahlt:

* **Photosphäre**
  - **Sichtbares Licht**
  - **Sonnenflecken** sind Orte auf der Sonnenoberfläche, die 2000 K
    kühler sind als ihre Umgebung, weshalb sie dunkler erscheinen
    (STEFAN-BOLTZMANN). Sie entstehen an den Ein- und Austrittsstellen

der Magnetfeldlinien, denn dort behindern **starke lokale Magnetfelder** den Energietransport nach außen.

Sie treten damit immer paarweise auf. Ihre Entstehungsorte wan-
dern innerhalb eines **elfjährigen Zyklus** von den Polregionen in
Richtung Sonnenäquator.

Die Sonnenfleckenrelativzahl (Sie ist ein Maß für den Teil der Son-
nenscheibe, der von Sonnenflecken bedeckt ist.) steigt dabei an.
Am Ende des Zyklus polt sich das Magnetfeld der Sonne um und
ein neuer Zyklus beginnt.

- **Chronosphäre**
  - **Filamente** sind Materieströme, die als dunkle und fadenförmige
    Gebilde erscheinen.
  - Wird ein kleines Gebiet der Sonnenoberfläche stark erhitzt, hat das
    einen Ausbruch elektromagnetischer Strahlung, vorrangig im Rönt-
    gen- und UV-Bereich zur Folge. Diese Ausbrüche heißen **Flares**.
  - **Sonnenfackeln** sind faserartige Aufhellungen der Photo- und
    Chronosphäre mit Ursprung in der Granulation (Kriterium für
    Sonnenaktivität aufgrund längerer Lebensdauer).

- **Korona**
  - **Protuberanzen** sind Materieströme, die oft als große Bögen
    erscheinen und Materie ins Weltall schleudern. **Ruhende
    Protuberanzen** verändern ihre Form meist monatelang nicht.
    Eruptive Protuberanzen dauern einige Minuten oder Stunden.
  - **Röntgenstrahlung**

- Das Sonnenspektrum ist ein **Absorptionsspektrum** mit **ca. 25 000
  dunklen Absorptionslinien**, die teilweise auch durch die Atmosphäre
  der Erde entstehen.

  Deren Analyse ermöglicht die Zusammensetzung der äußeren Schichten (Photosphäre) und gibt Informationen über Konzentration und
  Temperatur der absorbierenden Gase.

Energieabstrahlung der Sonne

- Die Strahlungsleistung der Sonne, die im Abstand von 1 AE auf 1 m²
  Fläche fällt, nennt man **Solarkonstante S**.

  $S = 1{,}367 \frac{\text{kW}}{\text{m}^2}$

  (gemessen außerhalb der absorbierenden Erdatmosphäre)

- **Die Leuchtkraft der Sonne L_S** lässt sich aus der Solarkonstante S mit
  einer gedachten Kugel mit Radius 1 AE berechnen.

  $L_S = S \cdot A = S \cdot 4\pi \cdot r^2 = 3{,}82 \cdot 10^{26}\,\text{W}$

Strahlungsgesetze

* Jeder Körper, der bestrahlt wird, absorbiert einen bestimmten Teil dieser Strahlung, beschrieben mit den **Absorptionsgrad α**.

$$\alpha = \frac{\text{absorbierte Strahlungsleistung}}{\text{eingestrahlte Strahlungsleistung}} = \frac{\Phi_{\text{absorb}}}{\Phi_{\text{eingestr}}}$$

* Der Absorptionsgrad ist gleich dem **Emissionsgrad ε** des Körpers, also gibt jeder Körper mit einer Temperatur oberhalb des absoluten Nullpunkts Wärmestrahlung ab.

* Der **Quotient aus Strahlungsleistung Φ und dem Absorptionsgrad** ist abhängig von der Temperatur T, der Größe der Oberfläche A und der Wellenlänge der Strahlung λ (nicht von der Art des Strahlers).

$$\frac{\Phi}{\alpha} = \Phi_S = \text{konstant} \qquad \text{(KIRCHHOFF'sches Strahlungsgesetz)}$$

* Ein **schwarzer Strahler** besitzt einen Absorptionsgrad von 1, absorbiert also die gesamte einfallende Strahlung (idealisiert).

* Die **Strahlungsleistung eines schwarzen Strahlers Φ** hängt stark von seiner Temperatur ab.

$\Phi = \sigma \cdot A \cdot T^4$ **(STEFAN-BOLTZMANN-Gesetz)**
mit der **STEFAN-BOLTZMANN-Konstante** $\sigma = 5{,}67 \cdot 10^{-8} \frac{W}{m^2 \cdot K^4}$

* Die Strahlungsleistung eines schwarzen Strahlers ist bei **konstanter Temperatur** von der Wellenlänge der Strahlung abgängig, die bei einer bestimmten Wellenlänge ihren **maximalen Wert λ_{max}** besitzt.

$\lambda_{\text{max}} \cdot T = b$ **(WIEN'sches Verschiebungsgesetz)**
mit der **WIEN'schen Konstante** $b = 2{,}898 \cdot 10^{-3}\, m \cdot K$

* Mit der Voraussetzung, dass die Sonnenoberfläche ein schwarzer Strahler ist, ergibt sich **die Oberflächentemperatur der Sonne T_S**.
STEFAN-BOLTZMANN:

$$T_S = \sqrt[4]{\frac{L_S}{\sigma \cdot 4\pi \cdot R_s^2}} = \sqrt[4]{\frac{3{,}82 \cdot 10^{26}\,W}{5{,}67 \cdot 10^{-8}\frac{W}{m^2 \cdot K^4} \cdot 4\pi \cdot (6{,}96 \cdot 10^8\,m)^2}} \approx 5{,}8 \cdot 10^3\,K$$

WIEN:

$$T_S = \frac{b}{\lambda_{\text{max}}} = \frac{2{,}898 \cdot 10^{-3}\,m \cdot K}{500 \cdot 10^{-9}\,m} \approx 5{,}8 \cdot 10^3\,K$$

Energieerzeugung im Inneren der Sonne

* Die Energie der Sonne wird durch **Kernfusion** im Inneren erzeugt, begleitet von einem Massenverlust der Sonne.

* Die Umwandlung von Wasserstoff in Helium findet in drei Stufen statt.
$^{1}_{1}H + ^{1}_{1}H \rightarrow ^{2}_{1}H$ (Deuteron) $+ e^{+} + v_{e} + 0{,}42\,MeV$
$^{2}_{1}H + ^{1}_{1}H \rightarrow ^{3}_{2}He$ (Helium $-$ 3) $+ \gamma + 5{,}49\,MeV$
$^{3}_{2}He + ^{3}_{2}He \rightarrow ^{4}_{2}He + ^{1}_{1}H + ^{1}_{1}H + 12{,}85\,MeV$
Bei dieser Fusion entsteht eine Energie von **24,7 MeV**, dies entspricht einem **Massendefekt von** $\Delta m = 4{,}4 \cdot 10^{-29}\,kg$.

* Ein Gas sehr hoher Temperatur, bei dem ein sehr großer Anteil der Atome ionisiert (freie Ladungsträger) vorliegt, nach außen hin aber elektrisch neutral ist, nennt man **Plasma (vierter Aggregatzustand)**.

* Die **Zentraltemperatur der Sonne** wurde auf $T_Z = 15{,}7 \cdot 10^{6}\,K$ bestimmt.
Sie ist aber nicht ausreichend hoch, um die Kernfusion zu ermöglichen (Protonen haben nicht genügend Energie, um die COULOMB-Abstoßung zu überwinden).
Die Kernfusion in der Sonne wird durch den **Tunneleffekt** aber schon ab einer Temperatur von $5 \cdot 10^{6}\,K$ ermöglicht.

Beispielaufgabe: Energiebilanz Kernfusion

Auf der Sonne gibt es auch noch Deuteron-Fusionsreaktionen, wie beispielsweise
$^{2}_{1}H + ^{2}_{1}H \rightarrow ^{3}_{1}H + ^{1}_{1}p$.
Berechnen Sie die bei dieser Fusion frei werdende Energie.

Lösung:
$$Q = \left\{ m_K\left(^{2}_{1}H\right) + m_K\left(^{2}_{1}H\right) - m_K\left(^{3}_{1}H\right) - m_p \right\} \cdot c^2$$
$$Q = \{2{,}013\,553\,6\,u + 2{,}013\,553\,6\,u - 3{,}015\,501\,u - 1{,}007\,276\,u\} \cdot c^2$$
$$Q = 4{,}3302 \cdot 10^{-3}\,u\,c^2 = 4{,}3302 \cdot 10^{-3} \cdot 931{,}49\,MeV$$
$$Q = 4{,}03\,MeV$$

Sterne

Entfernungsbestimmung und Bewegung von Sternen

Jährliche trigonometrische Parallaxe

● Ein Strahl zwischen der Erde und einem nahen Stern S überstreicht im Laufe eines Jahres einen **Doppelkegel (Ellipse an der Himmelskugel)** aufgrund der Bewegung der Erde um die Sonne.

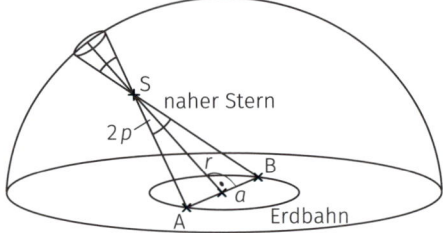

● Den sehr kleinen **Winkel p** bezeichnet man als **jährliche trigonometrische Parallaxe**.
Die **Entfernung r** des Sterns kann mithilfe der Trigonometrie bestimmt werden. Es gilt:

$$\tan p = \frac{a}{r} = \frac{1\,\text{AE}}{r} \Rightarrow r = \frac{1\,\text{AE}}{\tan p} = \frac{1'' \cdot 1\,\text{pc}}{p}$$

● **Eine Parallaxensekunde ist die Entfernung, von der aus man 1 AE unter dem Winkel 1″** $\left(1 \text{ Bogensekunde} = \frac{1°}{3600}\right)$ **sieht.**

Die zu einer Parallaxe von 1″ gehörende Streckenlänge wird als **Parsec (pc)** bezeichnet: **1 pc = 3,08 · 10^{16} m = 3,26 Lj**

Beispielaufgabe: Entfernung Stern Proxima Centauri

Der Stern, der uns am nächsten steht, ist Proxima Centauri.
Er hat eine jährliche Parallaxe von $p = 0,76''$.
Berechnen Sie seine Entfernung in Lichtjahren.

Lösung:

$$r = \frac{1\,\text{AE}}{\tan p} = \frac{1,496 \cdot 10^{11}\,\text{m}}{\tan\left(\frac{0,76}{3600}\right)} = 4,06 \cdot 10^{16}\,\text{m} = 1,32\,\text{pc}$$

$$r = \frac{1'' \cdot 1\,\text{pc}}{p} = \frac{1'' \cdot 1\,\text{pc}}{0,76''} = 1,32\,\text{pc} = 4,3\,\text{Lj}$$

Bewegung von Sternen

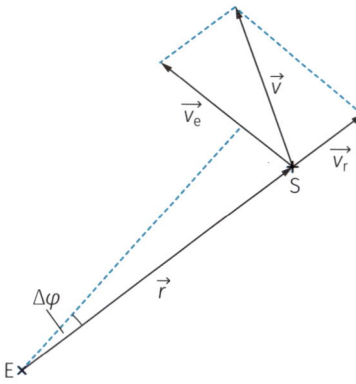

- Sterne bewegen sich mit der **Geschwindigkeit** $\vec{v}$, von der aber nur die Komponente der **Eigenbewegung** $\vec{v_e}$ als Ortsveränderung sichtbar ist.

- Mit der gemessenen scheinbaren **Eigenbewegung** $\mu = \frac{\Delta\varphi}{\Delta t}$ ($\Delta t = 1\,\text{a}$) und der bekannten Entfernung r des Sterns kann seine Geschwindigkeit v_e bestimmt werden.
$$v_e = \tan(\Delta\varphi) \cdot \frac{r}{1\,\text{a}}$$

- Die **Radialgeschwindigkeit** $\vec{v_r}$ lässt sich mithilfe des **DOPPLER**-Effekts bestimmen. $\frac{\Delta\lambda}{\lambda} = \pm\frac{v}{c}$

  $\Delta\lambda < 0$: Blauverschiebung, Stern nähert sich

  $\Delta\lambda > 0$: Rotverschiebung, Stern entfernt sich

- Für die **Geschwindigkeit** $\vec{v}$ gilt: $v = \sqrt{v_e^2 + v_r^2}$.

Sternhelligkeiten

- Die **Beleuchtungsstärke E** gibt an, welcher Lichtstrom einer Quelle mit der Leuchtkraft L auf einem Quadratmeter in der Entfernung r (Erde) eintrifft: $E = \frac{L}{4\pi r^2}$

- Die **scheinbare Helligkeit m** eines Himmelskörpers gibt an, wie hell er einem Beobachter auf der Erde erscheint.
  Sie ist proportional zum Logarithmus der Beleuchtungsstärke E.

- Die Einheit der scheinbaren Helligkeit ist die **Größenklasse, magnitudo (kurz: mag)**.
  Je heller ein Stern leuchtet, desto kleiner ist die Größenklasse, auch in den negativen Bereich.
  Beispiele:
  Polarstern: $2{,}0\,\text{mag} = 2^m0$; Venus: $-4{,}4\,\text{mag}$ (heller als Polarstern)

- Für den **scheinbaren Helligkeitsunterschied** zweier Sterne mit den scheinbaren Helligkeiten m_1 und m_2 gilt:
$$m_1 - m_2 = -2{,}5 \cdot \lg\left(\frac{E_1}{E_2}\right).$$

Beispielaufgabe: Scheinbare Helligkeit

Der Stern Sirius (großer Hund) strahlt mit seiner scheinbaren
Helligkeit $m_S = -1,46$ mag auf der Erde etwa 3,945-mal stärker
als der Stern Wega (Leier).
Ermitteln Sie die scheinbare Helligkeit m_W von Wega.

Lösung:
$$m_S - m_W = -2,5 \cdot \lg\left(\frac{E_S}{E_W}\right)$$

$$\Rightarrow \; m_W = 2,5 \cdot \lg\left(\frac{E_S}{E_W}\right) + m_S = 2,5 \cdot \lg(3,945) - 1,46 = 0,03 \,(\text{mag})$$

* Die **absolute Helligkeit M** ist die scheinbare Helligkeit eines Sterns,
  welche er in einer Entfernung von $10\,\text{pc} = 32,6\,\text{Lj}$ hätte.
  Sie erlaubt direkte Vergleiche von Sternhelligkeiten.
  Absoluter Helligkeitsunterschied zweier Sterne:

$$M_1 - M_2 = -2,5 \cdot \lg\left(\frac{L_1}{L_2}\right)$$

WIE HELL IST UNSERE SONNE?

Unsere Sonne besitzt eine scheinbare Helligkeit von
$m_S = -26,74$ mag und eine absolute Helligkeit von $M_S = 4,83$.

* Mit der Kenntnis der **scheinbaren Helligkeit $m_1 = m$** (Abstand r) und
  der **absoluten Helligkeit $m_2 = M$** (Abstand 10 pc) eines Sterns kann
  seine **Entfernung r** bestimmt werden.

$$m - M = -2,5 \cdot \lg\left(\frac{\frac{L}{4\pi r^2}}{\frac{L}{4\pi(10\,\text{pc})^2}}\right) = 5\lg\left(\frac{r}{10\,\text{pc}}\right) \quad \textbf{(Entfernungsmodul)}$$

$$\Rightarrow \; r = 10\,\text{pc} \cdot 10^{0,2 \cdot (m - M)}$$

Beispielaufgabe: Entfernung Stern Wega

Der Stern Wega (Leier) besitzt eine scheinbare Helligkeit von
$m_W = 0,03$ mag und eine absolute Helligkeit von $M_W = 0,58$.
Berechnen Sie die Entfernung von Wega in Lichtjahren.

Lösung:
$$r = 10\,\text{pc} \cdot 10^{0,2 \cdot (m - M)} = 10\,\text{pc} \cdot 10^{0,2 \cdot (0,03 - 0,58)} = 7,76\,\text{pc} = 25,3\,\text{Lj}$$

Bestimmung von Sternradien

◆ Mithilfe des **STEFAN-BOLTZMANN-Gesetzes** und der Kenntnis von **Leuchtkraft L** (aus der gemessenen scheinbaren Helligkeit im Vergleich zur Sonne) und **Temperatur T** (WIEN'sches Verschiebungsgesetz) eines Sterns kann man seinen **Radius R*** im Vergleich zum Sonnenradius ermitteln.

$$L^* = \frac{L}{L_S} = \frac{A \cdot \sigma \cdot T^4}{A_S \cdot \sigma \cdot T_S^4} = \left(\frac{R}{R_S}\right)^2 \cdot \left(\frac{T}{T_S}\right)^4$$

$$\Rightarrow R^* = \frac{R}{R_S} = \frac{\sqrt{L^*}}{(T^*)^2}$$

Beispielaufgabe: Beispiel Radius und Entfernung Stern Regulus

Regulus ist der hellste Stern im Sternbild Löwe und ein Hauptreihenstern B7 mit einer scheinbaren Helligkeit von $m_R = 1,36\,\text{mag}$ und einer absoluten Helligkeit von $M_R \approx -0,6$.
Er besitzt die Leuchtkraft $L^* \approx 100$ und eine Oberflächentemperatur $T \approx 13\,000\,\text{K}$ (aus HRD ablesbar, siehe Seite 147).
Bestimmen Sie die Entfernung von Regulus in Lichtjahren und schätzen sie seinen Radius R^* ab.

Lösung:
Entfernung:
$$r = 10\,\text{pc} \cdot 10^{0,2 \cdot (m - M)} = 10\,\text{pc} \cdot 10^{0,2 \cdot (1,36 + 0,6)} = 24,66\ \text{pc} = 80,4\,\text{Lj}$$
Radius:
$$R^* = \frac{\sqrt{L^*}}{(T^*)^2} = \frac{\sqrt{100}}{\left(\frac{13\,000}{5\,800}\right)^2} \approx 2$$

Regulus ist etwa 80 Lichtjahre entfernt und besitzt etwa den doppelten Sonnenradius.

Bestimmung von Sternmassen

◆ **Doppelsternsysteme**
- Etwas mehr als die Hälfte aller bekannten Sterne existieren in Mehrfachsternsystemen. **Doppelsternsysteme** sind Systeme, bei denen zwei Sterne relativ nahe beieinander stehen.
- Kreisen beide Sterne durch den gegenseitigen Einfluss ihrer Gravitation um einen gemeinsamen Schwerpunkt, dann heißt dieser **physischer Doppelstern**.
  Liegen beide Sterne in unterschiedlichen Entfernungen zur Sonne und erscheinen nur für einen Beobachter eng beieinander (Projektion der Sichtlinien) dann nennt man sie **optische Doppelsterne**. Sie haben keinerlei gravitativen Einfluss aufeinander.

- Doppelsterne lassen sich **visuell, astrometrisch, spektroskopisch oder photometrisch nachweisen** und erhalten ihre Benennung nach der Art der Bestimmungsmethode.

Wenn zwei Sterne einen gemeinsamen Schwerpunkt S umkreisen (physischer Doppelstern), lassen sich ihre Massen aus dem 3. KEPLER'schen Gesetz berechnen.

Beispielaufgabe: Massenbestimmung im Doppelsternsystem

Sirius ist der hellste Stern des Himmels und mit einer Entfernung von nur 8,6 Lichtjahren einer der nächsten Sterne.
Er besitzt einen Begleitstern Sirius B. Die beiden Sterne „umrunden" sich in ziemlich genau 50 Jahren auf relativ exzentrischen Bahnen, und das Verhältnis der großen Halbachsen beträgt etwa
$a_{\text{Sirius A}} : a_{\text{Sirius B}} = 1{,}0 : 2{,}1$. Für die Summe der großen Halbachsen gilt:
$a_{\text{Sirius A}} + a_{\text{Sirius B}} = 20\,\text{AE}$
Bestimmen Sie die Massen der beiden Sterne.

Lösung:

3. KEPLER-Gesetz (allgemeine Form)

$$
\begin{aligned}
(m_{\text{Sirius A}} + m_{\text{Sirius B}}) &= \frac{4\,\pi^2}{G} \cdot \frac{r^3}{T^2} \\
&= \frac{4\,\pi^2}{\left(6{,}6738 \cdot 10^{-11}\,\frac{m^3}{kg \cdot s^2}\right)} \cdot \frac{(20 \cdot 1{,}496 \cdot 10^{11}\,\text{m})^3}{(50 \cdot 365 \cdot 24 \cdot 3600\,\text{s})^2} \\
&= 6{,}376 \cdot 10^{30}\,\text{kg}
\end{aligned}
$$

Aus dem Schwerpunktsatz folgt

$$
\frac{m_{\text{Sirius A}}}{m_{\text{Sirius B}}} = \frac{a_{\text{Sirius B}}}{a_{\text{Sirius A}}} = 2{,}1
$$

$$
\Rightarrow\ m_{\text{Sirius A}} = 2{,}1 \cdot m_{\text{Sirius B}} = 2{,}1 \cdot \left(6{,}376 \cdot 10^{30}\,\text{kg} - m_{\text{Sirius A}}\right)
$$

$$
m_{\text{Sirius A}} = 4{,}32 \cdot 10^{30}\,\text{kg}
$$

$$
m_{\text{Sirius B}} = 2{,}06 \cdot 10^{30}\,\text{kg}
$$

HERTZSPRUNG-RUSSEL-Diagramm

Sterne werden nach ihrer Oberflächentemperatur in **Spektralklassen** (**O, B, A, F, G, K, M**) und Leuchtfarben eingeteilt.

Spektral-klasse	O	B	A	F	G	K	M
Farbe	blau, weiß	leicht blau, weiß	weiß	gelb, weiß	gelb	gelb, leicht rot	rot
Temperatur in 10^3 K	50 bis 30	25 bis 15	12 bis 8	8 bis 6	6 bis 5	4	3,5

Im sogenannten **HERTZSPRUNG-RUSSEL-Diagramm (HRD)** sind Sterne mit ihrer Leuchtkraft relativ zur Leuchtkraft der Sonne L_S gegen ihre Oberflächentemperatur (Spektralklassen) aufgetragen.

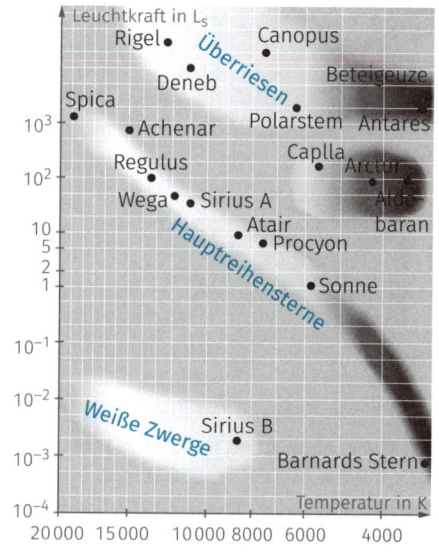

Man erkennt gesetzmäßige Zusammenhänge der beiden Größen, die die Sterne in unterschiedliche Gruppen und Linien ordnet.

* Die markanteste Häufung befindet sich auf einer Linie quer durch das Diagramm, der **Hauptreihe**, auf der auch die Sonne liegt.

* Zwei weitere Ansammlungen befinden sich ober- und unterhalb der Hauptreihe.

* Die leuchtkräftigen Sterne oberhalb und die Sterne mit geringerer Leuchtkraft unterhalb der Hauptreihe besitzen die gleiche Oberflächentemperatur wie die Sterne in der Hauptreihe. Mit der **Leuchtkraft L = $4\pi R^2 \cdot \sigma \cdot T^4$** und **T = konstant** ergibt sich eine Abschätzung der Radien der Sterne relativ zum Sonnenradius R_S: $\dfrac{L_1}{L_S} = \dfrac{R_1^2}{R_S^2} \Rightarrow R_1 = R_s \cdot \sqrt{\dfrac{L_1}{L_S}}$

- Für Sterne mit gleicher Oberflächentemperatur **oberhalb der Hauptreihe** erhält man so aufgrund ihrer hohen Leuchtkraft Radien mit 10- bis 1000-mal des Sonnenradius.
  Diese großen Objekte erhalten daher die Bezeichnung **Riesen** und **Überriesen**.

- Für Sterne mit gleicher Oberflächentemperatur **unterhalb der Hauptreihe** erhält man sehr kleine Radien, weswegen sie auch **weiße Zwerge** genannt werden.

Masse-Leuchtkraft-Beziehung

- Im HRD sind Sterne nach ihren Massen m angeordnet. Trägt man die relativen Massen M^* gegen die relativen Leuchtkräfte L^* auf, erhält man die Abhängigkeit $L \sim (m)^3$.

$$\frac{L}{L_S} = \left(\frac{m}{m_S}\right)^3 \rightarrow L^* = (m^*)^3$$

(Masse-Leuchtkraft-Beziehung für Hauptreihensterne)
Mit dieser Beziehung lassen sich Massen der **einzelnen Sterne (keine Doppelsternsysteme)** berechnen, wenn man Informationen über deren Leuchtkraft besitzt.

Sternentwicklung

- **Interstellare Materie** erscheint uns als **Dunkelwolke** (relativ großer Staubanteil), wenn sie das Licht dahinter liegender Sterne absorbiert, oder als **Emissionsnebel**, in dem das Gas durch Strahlung selbst zum Leuchten angeregt wird. Wenn das Licht von Sternen an einer Wolke gestreut wird, spricht man von einem **Reflexionsnebel**.
  Sterne entstehen **nur** aus Dunkelwolken.

- Im Innern einer **Dunkelwolke** mit mindestens 10 Sonnenmassen, 10 K Temperatur und einer Dichte von etwa 3000 H_2-Molekülen pro cm^3 und ca. 1 % Staub bilden sich nach Einfluss von Sternwinden oder Supernovaexplosionen in der Umgebung Dichtezentren (Globule). Diese vergrößern sich durch die **gravitative Anziehung** der Teilchen. Die Wolke wird fragmentiert.
  Gleichzeitig steigt in den Fragmenten (Globule) der Gasdruck der Teilchen, der die Wolke auseinandertreibt.

- Damit eine kosmische Wolke kollabieren und ein Stern entstehen kann, ist, neben einer bestimmten Temperatur und einem bestimmten Druck, die Überschreitung einer gewissen **Grenzmasse m_J**, der **JEANS-Masse** der Wolke notwendig.

Es gilt: $m_J \geq \frac{3}{2} \cdot \frac{k \cdot T \cdot R}{G \cdot m}$ (JEANS-Kriterium)

Dabei ist m_J die Masse des Gasnebels, k die BOLTZMANN-Konstante, G die Gravitationskonstante, m die Masse eines Teilchens der Wolke, T die absolute Temperatur und R der Radius der Gaswolke.

Im kugelsymmetrischen Fall bei einer Temperatur von 100 K liegt der Wert der JEANS-Masse m_J etwa bei 1000 Sonnenmassen.

- Damit sich die Wolke weiter verdichten kann, muss der Gravitationsdruck größer als der Gasdruck sein.

- Solange die **Dichte im Inneren** der Wolke nicht so groß wird, dass die bei der Kontraktion frei werdende Energie die Wolke verlassen kann, wird diese weiter kontrahieren.

- Wird die kritische Dichte überschritten, dann heizt sich der Kern auf, Wasserstoffmoleküle im Inneren dissoziieren und der Kern aus Wasserstoff und Helium liegt vollständig ionisiert vor, also als **Plasma**.

- Die abgegebene Strahlung des Kernbereichs wird von der kühlen umgebenden Hülle absorbiert und als **Infrarotstrahlung** abgegeben. In diesem Stadium bezeichnet man das Objekt als **Protostern**.

- Wenn die Zentraltemperatur und der Druck im Inneren immer weiter anwachsen, wird ein Zustand erreicht, bei dem das **Wasserstoffbrennen** einsetzt.
  Jetzt ist ein neuer **Stern geboren** und reiht sich im HRD auf die **Hauptreihe** ein.

- Die **zeitliche Entwicklung** bis hin zum Stern hängt entscheidend von der Masse der Wolke ab, je größer die Masse, desto schneller geht diese vonstatten.

- Im Fall, dass die Zentraltemperatur in Inneren (Masse der Wolke kleiner als 8 % der Sonnenmasse) zu niedrig ist, um das Wasserstoffbrennen zu zünden, entsteht ein kühler, fester **Brauner Zwerg**.

- Die Kontraktion des Sterns kommt nach dem Wasserstoffzünden durch die Kompensation mit dem Gasdruck zum Erliegen. Auch der **Strahlungsdruck** verhindert eine weitere Kontraktion.
  Der Strahlungsdruck **wächst mit steigender Masse,** bis er ebenso stark wie der Gasdruck ist. Sollte der Strahlungsdruck zu groß werden, zerreißt es den Stern.

- Der Stern verweilt so lange in der Hauptreihe, wie der Prozess des Wasserstoffbrennens anhält, also **abhängig vom Wasserstoffvorrat**

(Masse m) und Wasserstoffverbrauch (Leuchtkraft L).

$$\frac{t_{HR}}{t_{HR_S}} = \frac{m}{L} : \frac{m_S}{L_S} = \frac{m^*}{L^*} \;\rightarrow\; t_{HR} = \frac{1}{(m^*)^2} \cdot t_{HR_S} \;\text{ mit }\; L^* = (m^*)^3$$

- Je mehr Masse ein Stern besitzt, desto schneller sind seine Wasserstoffvorräte aufgebraucht und er wandert aus der Hauptreihe ab.
- Verweildauer unserer Sonne: $t_{HR_S} = 7 \cdot 10^9\,\text{a}$

Beispielaufgabe: Verweildauer des Sterns Mimosa

Schätzen Sie für den sehr massenreichen Stern Mimosa (zweithellster Stern im Kreuz des Südens), einem Hauptreihenstern BO mit einer absoluten Helligkeit $M \approx -3,4\,\text{mag}$ die Masse und seine Verweildauer auf der Hauptreihe ab.

Lösung:

Leuchtkraft und Masse:

$$M - M_S = -2,5 \cdot \lg\left(\frac{L}{L_S}\right)$$

$$\Rightarrow L^* = \frac{L}{L_S} = 10^{0,4 \cdot (M_S - M)} = 10^{0,4 \cdot (4,83 + 3,4)} = 1959$$

$$L^* = (m^*)^3 \;\Rightarrow\; m^* = \sqrt[3]{L^*} = \sqrt[3]{1959} \approx 12,5$$

Verweildauer:

$$t_{HR} = \frac{1}{(m^*)^2} \cdot t_{HR_S} = \frac{1}{12,5^2} \cdot 7 \cdot 10^9\,\text{a} \approx 44 \text{ Millionen Jahre}$$

Endstadien von Sternen

Rote Riesen

- Nachdem die Wasserstoffvorräte verbraucht sind, sinkt die Temperatur und damit auch Strahlungs- und Gasdruck im Inneren.
  Durch die nachfolgende **Kontraktion** wird **Gravitationsenergie** frei.

- Diese erhitzt den Kern und kann **weitere Kernfusionen** zünden (z. B. Heliumbrennen $T > 10^8\,\text{K}$, Kohlenstoffbrennen usw.) wenn die Masse des Sterns groß genug ist **(Schalenbrennen)**.

- Gleichzeitig verlässt die Gravitationsenergie den Stern und treibt die Gashülle nach außen (über 100 Sonnenradien möglich).
  Ein Riese entsteht.

- Rote Riesen haben eine **hohe Leuchtkraft**, aber eine **niedrige Oberflächentemperatur** (siehe HRD) da die Größe ihrer Oberfläche A vergleichsweise riesig ist. Daher leuchtet der **Riese rötlich**.

* Bevor die Sterne ihr Endstadium erreichen, können sie Materie verlieren indem sie ihre Gashülle abstoßen, als planetare Nebel, einer Nova- oder einer Supernova-Explosion.

Weiße Zwerge

* Ein masseärmerer Stern (*m* < 1,4 *m*$_S$: **CHANDRASEKHAR-Masse**) kann nach dem Heliumbrennen keine weiteren Fusionsprozesse zünden weshalb der Gasdruck entfällt und ein Gravitationskollaps einsetzt.

* Dabei erreicht er eine sehr **hohe Dichte** bis er vom sogenannten Entartungsdruck aufgehalten wird und der Kern eines roten Riesen auf die Größe eines **weißen Zwergs** schrumpft.

* Dieser **kühlt bei konstantem Radius** soweit **ab**, dass er in ein paar Millionen Jahren kaum mehr beobachtbar ist.

Neutronensterne (Pulsare)

* Wenn die **Restmasse** des Sterns **größer** ist als die **CHANDRASEKHAR-Masse**, dann kann der Entartungsdruck den Gravitationskollaps nicht stoppen und der Stern verdichtet sich weiter.

* Aus Elektronen und Protonen entstehen **Neutronen**, daher der Name **Neutronenstern**.

* Der Druck der Neutronen kompensiert nun den Gravitationsdruck. Durch die Rotation des Neutronensterns wird Energie in Form von **elektromagnetischer Strahlung** abgegeben (periodische Pulse).

Schwarze Löcher (Kollapsare)

* Verliert ein Stern nicht schnell genug seine Masse (oberhalb zwei bis drei Sonnenmassen) dann kann der Gravitationskollaps nicht aufgehalten werden und wird so dicht, dass selbst Photonen ihn nicht mehr verlassen können.
  Es entsteht ein unsichtbares **schwarzes Loch.**

* Der **SCHWARZSCHILD-Radius** R_{Sch} (nicht rotierendes schwarzes Loch) gibt an, ab welchem Radius die Photonen mit Lichtgeschwindigkeit *c* das Objekt nicht mehr verlassen können.

$$R_{sch} = \frac{2 \cdot G}{c^2} \cdot M \approx 1,5 \cdot 10^{-27} \frac{m}{kg} \cdot G$$

Novae

- Wenn sich ein Stern zu einem Roten Riesen entwickelt hat, verändern chemische und physikalische Prozesse die Eigenschaften seiner Materie. Aufgrund dessen fängt er an zu pulsieren.

- Es gibt Phasen größerer Strahlungsemission, in denen sich der Stern aufbläht, gefolgt von Phasen geringerer Strahlung, in denen er sich zusammenzieht. Die **pulsierenden Bewegungen** werden stärker und dabei wird bei jedem Puls Materie ins All geschleudert.

- Es entstehen kugelförmige planetarische Nebel um den Stern. In einem letzten heftigen Puls wirft der Stern seine restliche Hülle ab und zurück bleibt ein dichter Weißer Zwerg (mit etwa noch 50 % der Gesamtmasse vom Roten Riesen).

- Unsere Sonne wird dieses Schicksal einmal erleiden.

Supernovae

- Eine **Supernova Typ II** gibt es nur bei sehr massereichen Sternen (mindestens acht Sonnenmassen). Der Kern ist zu Eisen fusioniert und der Strahlungsdruck fällt weg. Durch die starken Gravitationskräfte stürzt die Materie sehr schnell in den Kern und verdichtet sich sehr stark. Der Rückstoß dieses Prozesses sprengt mit einer gewaltigen Explosion die äußeren Schichten weg. Im Kern bilden sich Neutronen, die dann in den äußeren Schichten eingefangen werden, neue schwerere Elemente bis hin zum Uran entstehen auf diese Weise und werden ins All geschleudert. Zurück bleibt ein Neutronenstern oder ein schwarzes Loch.

- Kommen sich zwei Objekte in einem Doppelsternsystem aus einem Weißen Zwerg (aus Kohlenstoff und Sauerstoff) und einem Roten Riesen genügend nah, kann der Weiße Zwerg in einer Akkretionsscheibe Materie von Roten Riesen ansammeln. Dabei strömt so lange Materie auf den Weißen Zwerg (CHANDRASEKHAR-Masse), bis thermonukleares Brennen (auf der Oberfläche) einsetzt und in einer gewaltigen Explosion, einer **Supernova Typ Ia**, endet. Der Weiße Zwerg wird zerrissen und zurück bleibt nur Gas und Staub.

Hypernovae

Sterne noch größerer Masse sterben in einer **Hypernova**.

Großstrukturen im Weltall

GALAXIE

Eine **Galaxie** ist eine große Ansammlung von Sternen, Sternhaufen, Planetensystemen, Gasnebeln und sonstigen stellaren Objekten, die durch die wirkenden Gravitationskräfte gebunden sind.

Es gibt verschiedene Formen von Galaxien:

* **Spiralgalaxien**
  Eine Spiralgalaxie ist eine scheibenförmige Galaxie mit mehreren mehr oder weniger ausgeprägten Armen.
  Sie besitzt eine einheitliche Struktur.

* **Elliptische Galaxien**
  Elliptische Galaxien zeigen deutliche Unterschiede zu den Spiralgalaxien. Sie haben keine Spiralarme, sind meist kreis- oder zigarrenförmig und sonst strukturlos.

* **Irreguläre Galaxien**
  Irreguläre Galaxien besitzen keine Symmetrieebene oder klare Form. Ihnen fehlt auch ein Galaxiekern, sie besitzen stattdessen mehrere, unregelmäßig verteilte Verdichtungen.

Unsere Galaxie – die Milchstraße

* **Aufbau:**
  – Der **Bulge**, das dichte Zentralgebiet unserer Galaxie, hat einem Durchmesser von etwa 10 AE und erscheint durch seine hohe Dichte viel heller. Seine Form ähnelt einer sehr abgeflachten Kugel.

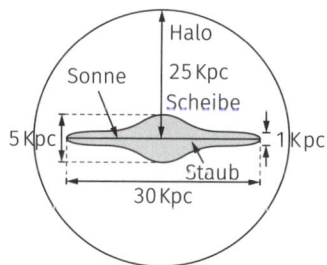

  – Im Zentrum des Bulge findet sich ein **supermassereiches schwarzes Loch Sagittarius A*** **(Sgr A*)** mit einer Masse von etwa 4 Millionen Sonnenmassen und einem Durchmesser von ca. 0,3 AE.

- In den **Spiralarmen** der Galaxie findet man gigantische Mengen an Wasserstoff, und die größten Sternentstehungsgebiete der Galaxis. Außerdem existieren dort über 1000 offene Sternhaufen.
- Umgeben ist die Milchstraße von einem kugelförmigen **galaktischen Halo** mit einem Durchmesser von etwa 50 kpc.
  Darin befindet sich ca. 150 bekannte Kugelsternhaufen, sehr alte Sterne und große Mengen dunkler Materie.

* Die **Masse** der Milchstraße beträgt ca. 10^{11} **Sonnenmassen** und man schätzt die **Anzahl der Sterne** in der Milchstraße zu etwa **200 Milliarden.**

* **Sternhaufen**
  - **Offene Sternhaufen**
    Offene Sternhaufen enthalten Ansammlung von etwa 100 bis 1000 Sternen.
  - **Kugelsternhaufen**
    Kugelsternhaufen sind mit Durchmessern von 15 bis 350 Lj viel größer als offene Sternhaufen. Sie umfassen bis zu ein paar Millionen metallarme Sterne, die im Zentrum sehr dicht beieinander stehen. Man schätzt das Alter von Kugelsternhaufen auf über 10 Milliarden Jahre, also wesentlich älter als offene Sternhaufen.

Kosmologie

Galaxienflucht

Alle Galaxien, bis auf wenige Ausnahmen (Andromedagalaxie) bewegen sich von uns weg. Die **Fluchtgeschwindigkeit (Radialgeschwindigkeit v_r)** einer Galaxie ist umso größer, je weiter sie von uns entfernt ist.

$v_r = H_0 \cdot r = c \cdot z$

mit der **HUBBLE-Konstante** $H_0 = (72 \pm 8)\dfrac{km}{s \cdot Mpc} \approx 74\dfrac{km}{s \cdot Mpc}$
oder Kenntnis der **Rotverschiebung z**

Expansion des Universums

* Nicht die Galaxien bewegen sich von uns weg, sondern der **Raum selbst dehnt sich aus** und nimmt dabei eine Galaxie mit.

* Wenn man sich die Expansion des Universums „rückwärts" denkt, dann ist die Ausdehnung einmal von einem einzigen Punkt ausgegangen, in dem alle Materie konzentriert gewesen sein muss.
  Mit einer Explosion, dem **Urknall**, erfolgte dann die Verteilung der Materie ins All, zuerst sehr schnell und dann in Folge der wachsen-

den Entfernungen gleichmäßig nach Hubble mit unterschiedlichen Geschwindigkeiten.

* Neben der beobachtbaren Galaxienflucht misst man auch die Hintergrundstrahlung, eine **kosmischen Mikrowellenstrahlung**, die als Folge des Urknalls vorausgesagt wurde und daher als Beleg für diese Theorie gilt.

* Nach dem Urknall existierten nur freie Protonen, Elektronen und Photonen.
Das Universum kühlte immer weiter ab und schließlich konnten sich Protonen und Elektronen zu Wasserstoffatomen verbinden (**Rekombination**).
Das Universum wurde durchsichtig und die Photonen konnten sich ungehindert im Raum ausbreiten.

* Wenn man davon ausgeht, dass sich das Universum immer mit konstanter Geschwindigkeit ausgebreitet hat, kann man sein Alter (HUBBLE-Zeit t_H) mithilfe der HUBBLE-Konstanten zu

$$t_H = \frac{1}{H_0} = \frac{1\,\text{Mpc}}{74\,\text{km}} \cdot s \approx 14 \cdot 10^9\,\text{a} \quad \text{abschätzen.}$$

Neuere Messungen mit Berücksichtigung der unterschiedlichen Expansionsgeschwindigkeiten ergeben ein Alter von **$13{,}7 \cdot 10^9$ a.**

DUNKLE MATERIE UND DUNKLE ENERGIE

Nach aktuellen Rechnungen beträgt die sichtbare Materie in unserem Universum gerade mal knapp 5 %. Einen Anteil von 23 % der existierenden Materie soll die postulierte sogenannte **Dunkle Materie** ausmachen und der größte noch fehlende Anteil von 72 % soll aus sogenannter **Dunkler Energie** bestehen, der nach EINSTEINS Gleichung ebenfalls eine Masse zugeordnet werden muss.

Die **Dunkle Materie** ist nicht direkt sichtbar und wechselwirkt über die Gravitationskraft. Die Existenz einer solchen Materie ist nicht nachgewiesen, aber man spekuliert über ihre Existenz, da so nachvollziehbar die Bewegungen von sichtbarer Materie, wie beispielsweise die Geschwindigkeiten von Sternen im Außenbereich ihrer Galaxien, erklärbar wären. Die Sterne bewegen sich mit deutlich höheren Geschwindigkeiten als es im Rahmen des gültigen Gravitationsgesetzes mit der bekannten Materie zu deuten wäre.
Wenn man die Masse der nicht sichtbaren Dunklen Materie in die Berechnungen einbezieht, dann ergeben sich die beobachteten

Geschwindigkeiten. Auch das fehlende Auseinanderdriften von Galaxien in Galaxienhaufen und die beobachteten viel zu starken Gravitationslinseneffekte (Lichtablenkungen, EINSTEIN-Ringe) in der Nähe von massereichen Galaxienhaufen können mit der Existenz Dunkler Materie erklärt werden.

Die Annahme von Astronomen, dass die Expansion des Universums sich durch die Gravitationswirkungen der vorhandenen Materie verlangsamen müsste, konnte durch Messungen widerlegt werden. Im Gegenteil, die Ausdehnung findet sogar beschleunigt statt. Erklärt wird diese Beobachtung durch die Existenz **Dunkler Energie**, einer Art Antigravitation, die die Materie auseinandertreibt.

Die Gravitations- und Antigravitationseffekte sind nachweisbar, aber die Erklärungen und die Natur Dunkler Materie und Dunkler Energie sind völlig spekulativ.

ASTROPHYSIK   Checkliste

Das sollten Sie jetzt sicher beherrschen:

→ die astronomischen Koordinatensysteme, Horizontsystem, ruhendes und bewegtes Äquatorialsystem und deren Koordinaten

→ die Aspekte der Planeten und deren Einfluss aus die Beobachtbarkeit

→ die siderische und die synodische Umlaufzeit von Himmelskörpern

→ die Abschätzung eines Planetendurchmessers über den scheinbaren Durchmesser

→ die 3 KEPLER'schen Gesetze und deren Anwendung

→ die Gravitation und die Berechnung der Masse von Himmelskörpern über die Zentralkraft

→ die Erweiterung des dritten KEPLER-Gesetzes und seine Anwendung zur Berechnung der Masse von Planeten und Monden

→ energetische Zusammenhänge für Bewegungen im Gravitationsfeld

→ der Aufbau der Sonne und der Energietransport von innen nach außen

→ die Leuchtkraft und deren Berechnung

→ die Strahlungsgesetze nach STEFAN-BOLTZMANN und WIEN

→ die Energieerzeugung in der Sonne durch Kernfusion, Berechnung des Massendefekts und der zugehörigen Energieäquivalenz

→ Entfernungsbestimmung eines Sterns mithilfe der jährlichen Parallaxe

→ Berechnungen von Geschwindigkeiten von Sternen und der Dopplereffekt

→ die scheinbare und die absolute Helligkeit eines Sterns und der Zusammenhang mit der Leuchtstärke des Sterns

→ die Entfernungsberechnung eines Sterns aufgrund seiner scheinbaren und absoluten Helligkeit

→ Bestimmung von Sternmassen über Doppelsternsysteme

→ der Aufbau des HERTZSPRUNG-RUSSEL-Diagramms (HRD) und seine charakteristischen Skalen und Linien/Bereiche; das Hauptreihenstadium

→ die Masse-Leuchtkraft-Beziehung

→ die Entstehung eines Sterns mit nötigen Kriterien (JEANS-Kriterium und Verweildauer)

→ ein Überblick über mögliche Endzustände von Sternen und deren Bedingungen

→ Aufbau der Milchstraße, offene und Kugelsternhaufen

→ Galaxienflucht und die HUBBLE-Beziehung

→ Expansion des Universums und die Urknalltheorie

STICHWORTVERZEICHNIS